发育障碍儿童诊断与训练指导

A Step-by-step Guidance by the Developmental Assessment

[日] 柚木馥 白崎研司 /主编

王宁 /译

图书在版编目（CIP）数据

发育障碍儿童诊断与训练指导/（日）柚木馥，（日）白崎研司主编；王宁译．--北京：华夏出版社，2017.5（2021.11 重印）
ISBN 978-7-5080-8936-2

Ⅰ．①发…　Ⅱ．①柚…　②白…　③王…　Ⅲ．①弱智儿童－诊断　②弱智儿童－康复训练　Ⅳ．①R749.94②G76

中国版本图书馆 CIP 数据核字（2016）第 210539 号

A Step-by-step Guidance by Developmental Assessment
Edited by Fuku Yunoki and Kenji Shirasaki
Originally published by Colere Publishers Ltd, Tokyo in Japan
© Colere Publishers Ltd, 1985.
This Chinese edition Published 2017 by Huaxia Publishing House, Beijing

北京市版权局著作权合同登记号：图字01-2017-1566号
中文简体字版权归华夏出版社所有，未经许可，不得以任何方式使用本书全部及任何部分内容，违者必究。

发育障碍儿童诊断与训练指导

编　者	〔日〕柚木馥　〔日〕白崎研司
译　者	王　宁
责任编辑	刘　娲

出版发行	华夏出版社有限公司
经　销	新华书店
印　刷	三河市少明印务有限公司
装　订	三河市少明印务有限公司
版　次	2017 年 5 月北京第 1 版　2021 年 11 月北京第 3 次印刷
开　本	710×1000　1/16 开
印　张	10
字　数	149 千字
定　价	28.00 元

华夏出版社有限公司　地址：北京市东直门外香河园北里 4 号　邮编：100028
网址：www.hxph.com.cn　电话：（010）64663331（转）
若发现本版图书有印装质量问题，请与我社营销中心联系调换。

献给养育了障碍儿童的中国父母以及
对这些儿童抱有最真挚情感的训练人员!

献给已故的柚木馥博士!

主编简介

柚木 馥（1936～2007），教育学博士，日本岐阜大学教育学部教授、医学部教授。曾任养护学校教师，北海道教育大学特聘教师，岐阜大学附属小学及中学校长，岐阜大学附属障碍儿童教育中心主任等职。柚木先生以障碍儿童的个人发育和自我实现为宗旨，将具有治疗训练性的临床活动作为研究重点，培养了大量的年轻研究人员和障碍儿童家长，设立了社会福利法人明日会，积极参与障碍儿童生活村、心身障碍儿童入园设施、小规模工厂、集体之家等福利机构的运营及实践活动，并撰写了多篇研究论文和书籍，为障碍儿童及其家庭的幸福奉献了自己全部的情感与智慧。

白崎研司，1945年生，教育学博士，以临床发育心理学士的身份获得临床发育心理学执照。曾任岐阜大学教育学部特别支援教育中心研究员，北海道伊达高等养护学校教师，华东师范大学心理学系客座教授。自1968年起，长期从事公立学校的智障儿童、发育障碍儿童、语言障碍儿童的治疗教育，在日本教育大学、筑波大学、昭和大学学习障碍儿童的教育、发育、心理、医学、疗法等专门知识和技术，并在学校、幼儿园及训练机构从事障碍儿童的基础及临床研究。自1995年起，白崎先生多次访问中国，对障碍儿童、家长及教师进行培训，并担任北京星星雨教育研究所名誉所长，青岛以琳自闭儿训练部及西安、上海等地孤独症儿童训练机构的顾问，西安高新技术开发区高新第一小学、第二小学名誉校长，中日研达奖学金理事会理事长等多职。

本书作者

柚木 馥	日本岐阜大学教授	第1章
白崎研司	北海道伊达高等养护学校教师	第2章/第3章/第4章/第6章1, 2, 4
石川美子	札幌医疗福祉专门学校讲师	第5章1, 2, 3, 4
和仁正子	岐阜市大洞幼儿园教师	第5章5
松波和子	关市养护训练中心主任指导员	第6章3/第7章1, 3, 4
伊藤英彰	可儿市养护训练中心指导部长	第7章2

中文版序

这本书终于在中国出版了！如果本书能为中国发育障碍儿童的健康发展做出贡献，能为因自身的障碍而陷入困境的人、他们的家人以及支持他们的人们建立具有使命性的目标，带给他们一线光明，作为编者之一，我感到无限光荣。

近年来，对发育障碍儿童的治疗方法、教育方法的研究正在快速发展，对发育障碍儿童的临床实践也正在发生变化，不难想象，其研究成果也数目繁多。但是，它们与儿童临床发育学、临床障碍学、医学等的联系却并不充分。在发育障碍儿童的训练上，那些问题行为和发病状态相对于对儿童发育以及儿童临床问题的注意，更容易被关心。虽然目前这种状况正在逐渐改善，但训练研究的路还是越走越窄。

在本书里，我们坚持这一实践理念：必须重视儿童发育和临床的问题，尽可能使训练与之接近或相对应。为了达到这个目的，本书把儿童表现出的临床现象归纳在发育诊断评估表中，并介绍了与其相适应的训练方法。该评估表根据健全儿童和障碍儿童的各种发育理论构建而成，它关注儿童发育的不平衡和缺陷，具体介绍了训练的契机和训练方法。这份发育诊断评估表还可以用来评价儿童发育中的异变，根据在使用过程中对临床表现的详细记录，建立对儿童的正确认识。希望大家阅读本书前能仔细了解本书的使用方法，详读每个章节，了解实用的诊断评估手段，掌握具体的训练方法，从而促进障碍儿童的发育，丰富他们的人生。

本书于1985年在日本初版。从那以来，日本障碍儿童的家长及活跃在第一线的各领域的专业人员都把它当作指南书来读，并得到了大家的肯定，即便现在，仍有许多人索求。究其原因，我相信是由于书中的具体发育诊断方法以及以此为基础的阶段式的训练方法可以直接作为障碍儿童有效的训练计划。愿本书能为促进障碍儿童的发育做出贡献，成为他们人生中的一件"宝物"。

为了障碍儿童和他们身边的人，衷心盼望更多有效的训练方法被开发出来。希望大家齐心协力，使那些有障碍的人们能享受到参加社会活动带给他们的乐趣，能过上幸福的生活。如果本书能为此尽一臂之力，将是我莫大的快乐。

感谢为了本书中文版的出版而辛苦的各位，特别是日本的 COLERE 出版社的上野真美社长，以及起到了中日双方出版社桥梁作用的王宁女士、刘娲女士。感谢王宁女士为翻译本书而做出的极大努力。

白崎研司
2007 年 12 月 6 日

前　言

目前，越来越多的有各种各样发育障碍的孩子进入幼儿园。本书的目的是探讨一些能有效促进这些孩子发育的方法、手段。

治疗教育的起点是从发育的角度出发，密切观察孩子的发育障碍的状态，从而分析探讨是什么原因抑制、阻碍了孩子们的发育，造成这些发育障碍的核心问题是什么。更重要的是要从发育的立场来考虑、构建相应的指导策略，而它的基础就是发育诊断。

多年来，本书作者使用了各种已有的发育检查方法，但仍然很难确定重度障碍儿童的发育状况，也不清楚发育缺陷和滞后的原因所在，无法进行针对性训练。因此，他们一直想试着探索一些能用来发现训练的切入点，并且能直接和训练方法结合起来的发育诊断法。

因此，作者根据自身的临床实践，健全儿童与障碍儿童的发育理论，对孤独症儿童的训练记录和其他发育障碍儿童家长的手记的分析，制定了"发育诊断评估表"。

本书尽可能根据这个发育诊断评估表来组织各个章节，这样可以在制订和实施涉及障碍儿童保育的各方面的发育训练计划时实现系统化。本书使用了可用于所有儿童的发育诊断评估表，列举了一些具体的指导方法，以方便读者使用。

障碍儿童的发育诊断的理论和现状必定会不断地进步，我们希望这本书能启发读者思考合适的保育方法，让孩子们更好地成长！

主编　白崎研司

本书的使用方法

1. 精选不可欠缺的发育领域

    本书设定了 6 个重要的发育领域，分为 23 个子项目，包括：自我概念、社会性、认知、语言、运动、生活习惯。这些领域对应了孩子们发育缺陷及滞后的本质问题。

2. 目标明确

    本书不仅单纯地列举一些方法，而且附加说明，便于读者了解这 23 个发育诊断项目的涵义，以及实现这些项目的必需性。

3. 明确训练原理

    详细叙述了各项目的意图，使发育的框架更容易理解，读者可以在实践中灵活应用，展开个性化训练。

4. 训练内容简单明了

    各项目都附加了具体研究方法的说明，并且详细叙述了目标、指导内容、干预方法以及注意事项、案例等，浅显易懂。

5. 评估及发展的方法

    本书就如何评估训练成果，如何使训练发展下去做了叙述，希望有助于读者的实际运用。

6. 可以立即活学活用

    用发育诊断评估表对孩子做发育评估，通过这个结果可以了解发育不均衡的状况，并且可以在此基础上寻找训练的切入点。当然，最好是先通读本书，熟知发育项目之间的关联性。

目 录
CONTENT

第1章　追踪发育步伐 ………………………… 1
　　1. 保育方面的发育诊断目的 ……………… 2
　　2. 发育诊断评估表及使用方法 …………… 5
　　3. 训练项目的制定方法 …………………… 9
　　4. 一般性的训练原则 ……………………… 12

第2章　对自身及他人的理解 ………………… 14
　　1. 对自身及他人关系的理解 ……………… 15
　　2. 对身体部分及身边的人的认识 ………… 19
　　◆ 相关用语链接 ……………………………… 24

第3章　奠定社会生活的基础 ………………… 25
　　1. 奠定人际关系的基础 …………………… 26
　　2. 从独自玩耍向集体游戏过渡 …………… 35
　　3. 在集体中获得规则及角色分配的常识 … 39
　　◆ 相关用语链接 ……………………………… 46

第4章　培养兴趣，理解事物 ………………… 47
　　1. 触觉、视觉、听觉 ……………………… 48
　　2. 理解即将发生的事件 …………………… 54
　　3. 认识两个事物之间的关系 ……………… 58
　　4. 提高模仿能力 …………………………… 62
　　5. 用形状、图画、文字表达 ……………… 69
　　◆ 相关用语链接 ……………………………… 77

第5章 语言理解及沟通 …………………… 78
    1. 指示沟通 ……………………………… 79
    2. 模仿发音、说话 ……………………… 86
    3. 动作表现 ……………………………… 95
    4. 提高语言理解能力 …………………… 103
    5. 理解故事的脉络 ……………………… 112
    ◆ 相关用语链接 ………………………… 115

第6章 促进身体的运动 …………………… 117
    1. 大运动 ………………………………… 118
    2. 协调运动 ……………………………… 121
    3. 手指精细运动 ………………………… 125
    4. 发声器官的运动 ……………………… 129
    ◆ 相关用语链接 ………………………… 134

第7章 基本生活习惯 ……………………… 135
    1. 进食的自理 …………………………… 136
    2. 大小便的自理 ………………………… 139
    3. 穿衣的自理 …………………………… 142
    4. 小帮手 ………………………………… 145

译后记 ……………………………………… 149

第 1 章

追踪发育步伐

训练内容：
1. 保育方面的发育诊断目的
2. 发育诊断评估表及使用方法
3. 训练项目的制定方法
4. 一般性的训练原则

❶ 保育方面的发育诊断目的

儿童教育，最重要的一点是认识到"儿童发育"的存在。在实施教育前，一定要考虑这个孩子整体上处于哪个发育阶段，在各个发育层面中哪方面发育得最好，通过怎样的训练才能改变发育现状，这是非常重要的课题。

针对孩子的障碍实施有效的训练应着眼于以下几点：障碍的类型，发育检查，发育诊断目的。

1 障碍类型的分类问题

开始训练发育障碍儿童之前，大家会先看一些训练教科书，映入眼帘的大多是"精神障碍"、"孤独症"、"发育障碍"等分类，及长篇大论罗列的各种症状。

令人感到矛盾的是，有时一种类型中同时有相反的症状或特征，例如"不安定"和"动作缓慢"。这种情况下怎样训练才是行之有效的呢？又比如，在孤独症的症状说明中常常出现"无对视"、"不与人游戏"，同样的情况在"精神障碍"这一类型中也存在。

这样看来，花费大量篇幅探讨障碍类型的分类对训练来说会有多大的意义呢？

笔者当初在大学讲课时，花费了大量时间研究障碍的类型并未感到疑惑，但是，随着临床经验的增加，越来越感觉到很难恰当地进行医学性分类。比起"分类"这个问题来说，更重要的或许是树立起"训练的立场"，即研究孩子的发育能达到一个什么样的水平，在此发育阶段上要如何训练。

孩子们有很大的个体差别，勉强进行类型归纳，眉毛胡子一把抓，反倒丧失了个性化训练的机会。

因此，从现在开始，我们应放弃把孩子的障碍类型化或给他们贴上各种标签的做法，把更多的精力放在提高孩子的发育水平、发育状态上。

2 什么是发育检查

为发育诊断而做的发育检查是十分必要的。为了更好地了解婴幼儿的发育状态，发育检查已被广泛运用。

下表（见表1-1）是婴幼儿的发育检查表。这张表根据孩子日常生活中的发育轮廓具体地分出运动、探索/操作、社会性、进食、理解/语言等类别，并说明了各领域在不同月龄里的发育水平。这为了解发育状况，确定指导范围，明确指导方式，根据发育的不均衡状况制订训练计划提供了可能性，有助于工作的顺利进行。

表1-1 津守·稻毛式婴幼儿发育检查表
发育轮廓表（1～12个月）

月龄	运动	探索·操作	社会性	进食	理解·语言
15	54/50/46 为步行做准备的协调动作	39/36 探索的尝试	29/25 与大人之间的互动	19 为进食做准备的协调动作	14
12	45/42	35	24	17	12/11
11	41/38	33	23/22	16	10
10	37 移动的努力	31 外界探索	21	15	6/3
9	30/29/24	30		14 积极的影响	2
8	23/19 积极的身体控制	29/28	20/19	13	
7	18/17	27/24	17	11	
6	15	23/19 有意的操作	14 差别的反应	9 对餐具的适应	
5	13/12	18/15	12/11	8/7	
4	11/8	14/10	10/9	6	
3	7/6 被动的身体控制	9/8 被动的反应	7 被动的反应	5/4 被动吃奶	
2	5		4	3	
1	4/1	3	2/1	2/1	1

通过这个检查可以大致了解孩子的发育年龄和智力水平,这个方法非常简单。例如,可大概推测这个孩子的智商不满两岁,或智商只是同龄孩子的一半。

但是,要想依据以上的发育状况制订合适的训练计划必须对孩子进行进一步的观察,根据他的行为特征,目前能够达到的水平,再考虑具体的训练指导。

例如,某个孩子测得智商为60,并不能立即得出结论,这个孩子应该在哪些方面进行训练,因为即使智商同是60的孩子也常会有完全不同的行为特征和思考方式。

其实,发育检查也并不是完全没有问题。其中之一就是虽然标明了发育月龄,但是有些孩子要花费很长时间才能从一个发育月龄到达下一个发育月龄,就是说即便做了多次检查,也可能是同样的分值。"这个孩子真的停止发育了吗""不再有进展了吗",这些类似的疑问并不能得到解决。而且发育检查基本上不能用来测定障碍严重的孩子。

另一方面,有时虽然孩子在从一个发育阶段向另一个发育阶段过渡,但是仍然不能十分清楚对他该采取什么训练方法。例如,生活习惯很容易推测,可是语言、探索等项目就不会有把握。

在这里,我们参考目前检查方法的优点,探讨是否有更贴近实际训练的发育诊断法。

3 发育诊断目的

我们有丰富的临床实践经验,这样的经验使我们能够清楚地认识到怎样做孩子才会有大的改变,什么样的训练是训练的基础,怎样才能解决问题。这种判断能力是一点一滴慢慢积累起来的。我们也从一些优秀的阐述实践经验的著作中受到启发,并从中验证了自己的实践成果。下面这几本著作请大家参考:洛娜·温(Lorna Wing)著《对待孤独症儿童的方法》,戈达·泰米(Gerda Thieme)著《打开自闭之门》,威克·乔伊逊和罗伯特·沃那(Vicki Joyhnson and Robert Werner)著《发育障碍儿童的训练指导(幼儿·儿童期)》。

这些书中提到的必要的训练项目是:

· 指认——身体名称,周围事物

- 动作模仿——欢呼，握手，再见，包，剪，锤
- 交往——鬼捉人，赛跑，相互扔球，玩牌
- 身体接触——不见了，举高，摔跤
- 声音模仿——元音，妈妈，爸爸，汪汪叫
- 骑三轮车——手眼脚协调，登台阶，蹦床
- 散步——手牵手
- 帮忙——把牛奶拿来，拿着这个
- 辨别——拼图，形状块
- 进食——独立
- 大小便——自行脱裤子

这些项目可促进孩子的人际关系萌发，运动能力的协调，形成良好的生活习惯，培养社会性。要知道，不会模仿，概念形成就十分困难；不知如何做大人的帮手，他的语言理解就很难进步；不能很好地指认物品，则几乎不能发展出语言。

因此，只要对这几个项目（基本训练项目）进行认真的评估，就可以得出发育诊断结果和训练方法。

如果将这些训练项目按发育顺序排列，能做到什么程度，就表明这个孩子的问题所在，可以据此先生成"发育诊断评估表"。

发育诊断的目的不外乎以下几点：

①找到适当的训练切入点。

②确定针对低功能孩子的训练。

③跟踪发育过程，进行具体化指导。

④着眼于发育滞后部分。

大多数检查方法也就仅限于检查，检查完了，工作就结束了。即使是最著名的智商检查，也不能直接根据检查结果制订训练计划。因为同样的智商中，既有多动的孩子，也有安静的孩子，差别很大。因此，必须尽量从孩子的日常行为中发现不足并加以训练指导，即使孩子的症状很严重也可以从中找到线索。

❷ 发育诊断评估表及使用方法

我们可以从表1-2的100个项目中生成一张发育诊断评估表。综前

表1-2 发育诊断评估表

记分标准：完成—○2分 不确定—○1分 不能完成—×0分

领域	项目	临床观察项目	评估前后	得分前后	项目	临床观察项目	评估前后	得分前后
I 自我概念	(1) 对自己和他人的区别	1. 叫名字有反应 2. 注意别人的声音 3. 关心他人的行为			(7) 预测行为	29. 看见拿了包，知道要出门 30. 看见拿了购物袋，知道拿在门口拿了钥匙 31. 看见去拿了鞋子，会穿好鞋等着		
	(2) 身体概念	4. 能理解自己的身体 5. 认生 6. 能理解镜子里的自己			(8) 对应关系	32. "哪里的嘟嘟声？" "妈妈呢？" "听到问题会去找 33. 看见饭碗知道正在吃饭 34. 门铃响会去开门		
II 社会性	(3) 交往	7. 脸贴脸/拥抱 8. 荡秋千 9. 转圈 10. 摇摇摇 11. 跑步 12. 捧段 13. 球类游戏 14. 翻滚游戏			(9) 模仿	35. 点头 36. 拜拜 37. 电视节目模仿（高尔夫、棒球、韵律操、儿童节目） 38. 握手 39. 拍手 40. 用积木搭宝塔 41. 模仿家长、老师 42. 仿画（线条、形状、脸）		
	(4) 角色分配及规则	15. 拼人脸图 16. 体力循环游戏* 17. 玩卡片 18. 过家家 19. 购物游戏 20. 购物 21. 小帮手			(10) 表现性活动	43. 用积木、小汽车搭一个隧道 44. 拼画 45. 把橡皮泥拉长、缩短 46. 用橡皮泥做一个可命名的东西		
	(5) 人际关系	22. 和成年人游戏 23. 和年龄小的孩子游戏 24. 和同龄孩子游戏						
III 认知	(6) 注视	25. 看人 26. 看视人或物 27. 追视人/物 28. 区别人/物						

* 体力循环游戏指让孩子按一定的顺序及数量完成一些项目，结束后再做一遍或一遍以上的游戏，如走平衡木、跳圆圈、拍球等。

(续表)

领域	项目	临床观察项目	评估前后	得分前后
IV 语言	(11) 语言理解	47. 画脸 48. 画脸以外的画 49. 会用剪刀 50. 折纸游戏 51. 写字 52. 身体名称 53. 食品 54. 动物 55. 交通工具 56. 动词(坐、站、跳) 57. 方位词(前后，左右，上中下)		
	(12) 声音模仿	58. 元音 59. 辅音 60. 口唇音的模仿 61. 其他声音的模仿 62. 爸爸 63. 妈妈 64. Bye-Bye 65. 汪汪		
	(13) 指认	66. 表达感兴趣的东西 67. 表达认识的名称 68. 身体名 69. 颜色 70. 插图 71. 绘画卡片		
	(14) 动作表现	72. 再见 73. 请给我 74. 欢呼 75. 你好		
	(15) 理解故事脉络	76. 敲门 77. 开门 78. 去隔壁房间把球拿来 79. 请把报纸拿来 80. 想听简单故事 81. 询问插图 82. 喜欢听重复的故事		
V 运动	(16) 大运动	83. 散步 84. 滑梯、蹦床 85. 荡秋千、跷跷板 86. 平衡木、彩虹桶		
	(17) 协调运动	87. 三轮车		
	(18) 精细运动	88. 剪刀、穿珠		
	(19) 发声器官运动	89. 吹、吸、嚼、喝 90. 舌的运动 91. 口唇运动		
VI 生活习惯	(20) 进食	92. 不吃非食物类物品 93. 独立进食		
	(21) 衣服	94. 自己脱衣 95. 自己穿衣		
	(22) 大小便	96. 自己小便 97. 自己大便		
	(23) 生活	98. 自己去商店买零用钱 99. 自己去保管零用钱 100. 去邻居家送东西		

通过率 = 得分合计 /200×100 (%)

所述，这些项目是被临床实践证实的儿童发育的必要项目。如果一个孩子在这些方面尚未过关，那么有必要对他立即进行训练。

这些项目不是按年龄上的发育阶段由低到高排列的，就是说训练不一定要从第1项到第100项的顺序进行，但从发育的基础开始，一点点慢慢进行是非常重要的。所有的小项目都是由易到难排列的。

为避免试行错误，可以根据孩子的实际发育水平及训练的切入点，制订一份分步训练计划表。

下面，我们来对这张评估表的使用方法做个简单说明。

对这100个小项目依照项目类别依次进行评估，可以很好地完成的记录为"◎"，得2分；不确切的记录为"○"，得1分；不能完成的记录为"×"，得0分。对不能完成或不能确定的项目在以后的训练时间里要有意识地进行针对性训练。

评估时要着眼于各领域、项目、小项目之间的关联，即从发育的整体状况中发现不足。

以一个4岁的孩子为例：

①自我概念的所有小项目均得"◎"（2分），总计12分，说明他在"（1）对自己和他人的区别""（2）身体概念"这些方面发育良好。

②社会性中，"（3）交往"3分，"（5）人际关系"3分，"（4）角色分配及规则"0分，和其他的项目合起来不超过22分，可以看出这个孩子当前最需要进行交往、角色分配、规则及人际关系的训练，由此可以确定训练项目。

可以根据两次评估之间是否有进步来确认发育的状况。要在每个小项目、每个项目、每个领域中寻找变化，注意分数的变动。

从小项目的内容中可以发现训练重点，使整个训练变得有节奏，有变化。例如，若不能完成"Ⅴ运动"中的83～88小项目，就要在训练项目中大量加入滑板车、回旋板、拔河等训练，整个大运动会随之进入一个更高的水平。

在对1～100个小项目进行评估时，可不限制时间，练习几天，或几个星期之后再做评估。

在1～100个小项目中，对不能完成的项目要分析原因，尽量请几个老师一起来讨论，是否要降低难度，训练方法是否有问题等。

孩子的训练、兴趣和主动性无论如何都应该放在第一位，设计训练项目的同时一定要考虑到它。

如果有孩子日常生活中的项目，这个项目应在他的日常生活中进行，这样的训练效果是最好的。

要重视孩子表现出来的要求、欲望。仔细观察孩子的行为，把孩子的要求、欲望与训练项目结合起来。

❸ 训练项目的制定方法

在这里，以一个实际做过发育诊断评估的孩子（小明，4岁8个月）为例，做一个具体的分析。

小明在医院被诊断为重度孤独症，目前就读于一家曾接受过发育障碍儿童的幼儿园，不过，幼儿园老师并不知道要从哪里开始对他训练。为了能和负责的老师一起制定出训练项目，我们为他做了发育诊断评估，结果如表1-3。

从这张表上可以看出：

①小明不能完成的项目是：自我概念、身体概念、人际关系、语言理解、角色分配及规则。

②不太能完成的项目是：注视、模仿、指认。

③可以完成的项目是：预测行为、交往、声音模仿、大运动、发声器官功能、生活习惯。

和负责的保育员讨论之后，我们认为在根据这个诊断结果制订训练计划之前可以先进行以下的训练。

①进行体操、集体舞、手指游戏的学习，以确立自我概念及身体概念。

②既然他已经能很好地进行一些交往性游戏，可以通过身体接触进一步提高交往技能，多做一些类似摔跤、球类、垫上翻滚的游戏。

③训练注视的时候，每次叫他的名字，都要求他回答，并且看着老师的眼睛，然后给他奖励（小贴纸或抚摸脸颊）。练习指认的时候，要把被指认的物品放在醒目的地方。

④他已形成了一些生活习惯，可以让他多帮忙做家务，布置一些每天重复进行的工作（如喂鱼、拉窗帘、擦黑板等等）。

表1-3 小明发育诊断评估表

记分标准：完成=○2分　不确定=○1分　不能完成=×0分

领域	项目	临床观察项目	评估前后	得分前后
I 自我概念	(1) 对自己和他人的区别	1. 叫名字有反应	××	16.7%
		2. 注意别人的声音	××	
		3. 关心他人的行为	××	
		4. 能理解自己的身体	×○	
	(2) 身体概念	5. 认生	×○	
		6. 能理解镜子里的自己	×○	
II 社会性	(3) 交往	7. 脸贴脸/拥抱	○○	62.5%
		8. 荡秋千	○○	
		9. 转圈	○○	
		10. 我摔跤	○○	
		11. 跑步	××	
		12. 摔跤	××	
		13. 球类游戏	×○	
		14. 翻滚游戏	×○	
	(4) 角色分配及规则	15. 拼人脸图	××	14.3%
		16. 体力循环游戏	××	
		17. 卡片	××	
		18. 过家家	××	
		19. 购物游戏	××	
		20. 购物	×○	
		21. 小帮手	××	
	(5) 人际关系	22. 和成年人游戏	××	0%
		23. 和年龄小的孩子游戏	××	
		24. 和同龄孩子游戏	××	
	(6) 注视	25. 看人	××	25%
		26. 看物	○○	
		27. 追视人或物	××	
		28. 区别人/物	××	
III 认知	(7) 预测行为	29. 看见拿了包，知道要出门	○○	87.5%
		30. 看见别人的购物袋，知道在门口等着	○○	
		31. 看见去门口拿了车钥匙，会穿好鞋等着	×○	
	(8) 对应关系	32. "哪里的嘟嘟？""妈妈呢？"听到问题会去寻找	○○	33.3%
		33. 看见饭碗知道正在吃饭	××	
		34. 门铃响会开门	××	
	(9) 模仿	35. 点头	○○	31.3%
		36. 举手	○○	
		37. 电视节目模仿（高尔夫儿童节目，韵律操等）	××	
		38. 握手	○○	
		39. 拍手	○○	
		40. 用积木仿搭宝塔	××	
		41. 模仿家长、老师	××	
		42. 仿画（线条、形状、脸）	××	
	(10) 表现性活动	43. 用积木、小汽车搭一个隧道	×○	22.2%
		44. 拼画	○×	
		45. 把橡皮泥拉长、缩短	○×	
		46. 用橡皮泥做一个可命名的东西	××	

（续表）

领域	项目		临床观察项目	评估前后	得分前后
IV 语言		47	5. 画脸	○	
		48	6. 画脸以外的画	○	
		49	7. 会用剪刀	○	
		50	8. 折纸游戏	×	
		51	9. 写字	×	
	(11) 语言理解	52	1. 身体名称	○	25%
		53	2. 食品	○	
		54	3. 动物	×	
		55	4. 交通工具	○	
		56	5. 动词（坐、站、跳）	×	
		57	6. 方位词（前后，左右，上中下）	×	
	(12) 声音模仿	58	1. 元音	◎	100%
		59	2. 辅音	◎	
		60	3. 口唇音	◎	
		61	4. 其他声音的模仿	◎	
		62	5. 爸爸	◎	
		63	6. 妈妈	◎	
		64	7. Bye-Bye	◎	
		65	8. 汪汪	◎	
	(13) 指认	66	1. 表达要求	○	25%
		67	2. 指认感兴趣的东西	○	
		68	3. 身体名称	×	
		69	4. 颜色	×	
		70	5. 插图	×	
		71	6. 绘画卡片	×	
	(14) 动作表现	72	1. 再见	◎	56.3%
		73	2. 请给我	◎	
		74	3. 欢呼	○	
		75	4. 你好	○	
IV 语言		76	5. 敲门	○	
		77	6. 开门	×	
		78	7. 去隔壁房间把球拿来	×	
		79	8. 请把报纸拿来	○	
	(15) 理解故事脉络	80	1. 想听简单故事	×	56.3%
		81	2. 询问插图	×	
		82	3. 喜欢听重复的故事	×	
V 运动	(16) 大运动	83	1. 散步	◎	0%
		84	2. 滑梯、蹦床	◎	
		85	3. 荡秋千、跷跷板	◎	
	(17) 协调运动	86	4. 平衡木、彩虹桶	◎	91.7%
		87	5. 三轮车	○	
	(18) 精细运动	88	6. 剪刀、穿珠	○	
	(19) 发声器官运动	89	1. 吹、吸、嚼、喝	◎	100%
		90	2. 舌的运动	○	
		91	3. 口唇运动	○	
VI 生活习惯	(20) 进食	92	1. 不吃非食物类物品	×	55.6%
		93	2. 独立进食	◎	
	(21) 衣服	94	3. 自己脱衣	○	
		95	4. 自己穿衣	○	
	(22) 大小便	96	5. 自己小便	◎	
		97	6. 自己大便	○	
	(23) 生活习惯	98	7. 自己去商店	×	
		99	8. 自己保管零用线	×	
		100	9. 去邻居家送东西	×	

（通过率计算方式同前）通过率 45%

⑤模仿的训练，跳集体舞或多做一些有节奏性游戏。准备一面大镜子，在孩子的后面辅助。

如果经过一段时间的训练孩子在这些问题上没有什么变化，就要根据观察到的问题，重新调整训练计划。

❹ 一般性的训练原则

发育诊断评估表用于训练时应注意以下几点：

- 以孩子的兴趣为中心

即使孩子接受过检查和训练，仍然会有很多不能完成的小项目。要仔细观察，寻找那些孩子有兴趣、愿意做的游戏。游戏中含有的他们不能完成的训练项目是非常重要的线索，应该首先从这样的游戏着手开始训练，然后用它来吸引孩子做其他的训练项目。

- 重视重复练习

在训练过程中如果不重视重复练习，则势必事倍功半。这是因为有发育障碍的孩子常常"不明白方法"或"不懂游戏规则"，他们要花费很长时间才能理解规则，所以有必要加大学习量，进行耐心持久的训练。

- 按照发育顺序，细化训练项目

表中的各个项目已经按照细化的原则做了排列，这个原则是非常重要的。如有必要甚至可以将这些项目划分得更细。作为一个训练者必须经常考虑这些项目应该以什么程度为起点，并且不断反省自己的训练方法。

- 重点集中

如果要涉及所有不能完成的项目，势必会使游戏内容变得分散，训练计划变得复杂，增加实际操作的困难。因此，最好的方法是找出重点，将几个重点项目合起来集中训练。

- 灵活安排一天的日常生活

最大限度地利用幼儿从入园到离园的一天的活动安排，是非常重要的。把训练项目融入每天的日常安排，训练效果会更显著，这一点对重度的孩子尤其重要。由于这种日常生活是不断重复的，而且顺序也是一致的，训练也会因此变得简单易行。

● 不断评估、反思理想的训练状况

并不是说使用了这个测试表，训练就一定不会失败。必须不断地在训练到一定阶段后进行再次评估，看看是有进步还是没有效果，为什么成功，为什么不成功，重新检讨自己的训练方法。

● 集体训练

对孩子的训练不必局限于个别训练。个别训练不仅受时间的限制而且紧张程度也高。即使必须进行个别训练，也最好选择在有孩子玩耍的游戏室进行，这样，可以在不知不觉中培养一些伙伴关系。

● 利用孩子的行为

作为训练者，有时难免会急躁，逼迫孩子学习。对一个缺乏对别人关心的孩子来说，如果不培养他模仿别人的兴趣，训练可以说是失败的。因此，如果孩子做出一个无意义的行为，训练者要马上做出相应的反应。例如，他突然举起手来，训练者应该立刻也举起手；他在"啊啊"地发声，训练者也要马上发声。这样，就会找到训练模仿的一个切入点。

第 2 章

对自身及他人的理解

训练内容：
1. 对自身及他人关系的理解
2. 对身体部分及身边的人的认识

领域	项目	临床观察项目
I 自我概念	(1) 对自己和他人的区别	1. 叫名字有回应 2. 注意别人的声音 3. 关心他人的行为
	(2) 身体概念	4. 能理解自己的身体 5. 认生 6. 能理解镜子里的自己

❶ 对自身及他人关系的理解

1 让孩子意识到自己

幼儿园老师常有的困惑是这个孩子叫他不理,不看人,不知道加入集体活动。为什么这些孩子会没有反应,会对别人的声音和行为漠不关心呢?原因是他们缺乏和别人沟通交流的基础,不能很好地区别自己和他人,所以不能对周围的刺激有所回应。

对有这种问题的孩子,最重要的是教会他理解自己和他人的关系。在这个领域内的训练目标应是:提高对自己的关心程度,扩大对周围的人和事的兴趣。

2 扩展人际交流

这个领域的项目在发育诊断评估表上已经列出,是"(1)对自己和他人的区别:叫名字有回应;注意别人的声音;关心他人的行为"。要好好思考一下这些项目怎样组合才能达到最佳效果。

● 找出和孩子相处的方式

仔细分析这个问题就会发现,这些孩子和他人之间的关系并不顺利,缺少非常重要的交流的基础。因此,设定一个有丰富的人际交流体验的训练场景就很重要,否则,他们很难理解自己和他人之间的关系。虽然训练的内容要因人而异,但是不管怎么说,还是应该在自由活动时间里加入一对一的个别训练。

● 学习反应、应答的方法

人际交流体验很少的孩子大都不知道面对人的时候该做出什么反应。听到声音时，他们通常的反应是：受到惊吓，发出怪声，东张西望，惴惴不安。所以，有必要教会这些孩子和人交往的方法，尤其是反应、应答的方法。最好是在做出反应的同时辅以相应的动作。例如：被叫到名字的时候：抬头，举手，老师也举起手一起说"到"；告别的时候：抬头，挥手，说"Bye-Bye"；得到东西时鞠躬说"谢谢"。应答的方法掌握了以后，孩子会懂得等待对方的反应，在行动上达成一致性和连贯性。

● 在一天的日常生活中寻找训练时机

让难以理解自身及他人关系的孩子参加幼儿园所有的活动有一定的困难，必须尽可能地创造一些个别的交往机会，提高处理人际关系的能力。要确定该在什么样的场景中进行什么样的训练，而不能漫无目标，想到哪儿就做到哪儿。

在前面的一般性训练原则里已经讲到，解决问题最好的契机是在一天的日常生活中和孩子一对一的时间段。比起"时间"和"地点"这些条件，更要着重分析的是"怎样做"。

表2-1 日常的具体训练场景

时间	地点	怎样做
入园时	门口	向他说"小明早"，摸摸头或小脸，握手。
晨会	教室	叫他的名字："小明！"在他的身边抱抱他，"小明，早上好！"
自由活动	教室	"小明，这是沙子"，和他一边说话一边在院子里玩。
用餐	教室	对他说："这是小明的牛奶。"
散步	园外	"小明，看，这是汽车"，一边指着，一边和他说话。
离园	教室	向他说"小明，再见"，摸摸他的头或脸，做再见的手势。

3 意识到自己的名字

● 名字的叫法

叫那些对自己的名字没有反应的孩子,要注意叫喊的方法:不在远处叫喊,手要放在孩子的肩上,看着他的脸,要做出尽量和他接近的举动。

● 分析生活动作

不要无目的、不自然地叫孩子的名字,要在具体的事件中自然地呼唤他。以入园时的行为为例:孩子到了教室门口,对他说:"小明,早上好!"孩子要脱鞋进去时:"小明,请你脱鞋!"把鞋放进鞋柜时:"小明,放在这儿。"刚开始训练时,不要学习过多的内容,而要从最简单的内容开始练起,一定要不断重复。叫名字——有行为反应,渐渐地能完成的项目才会越来越多。

让他们意识到对方

4 对别人的声音有反应

● 语言和动作结合在一起

这组练习可以和叫名字的练习同时进行。方法举例如下:
①各就各位——一起跑。
②全体集合——配合口令在旗帜下集合。
③"一、二、三,跳"——配合口令往下跳。

类似这些动作和语言要结合起来练习，可以在晨会、自由活动、运动游戏等场景中进行。不能认为孩子不能参加活动就可以被放在一边，应该让他一点点开始重复练习一些简单的内容。

● 小步子的练习

训练步骤应该是：和老师一起做（牵着手做模仿），离开老师和另一个孩子一起做，独自做。一定要一个步骤一个步骤扎扎实实地练习，这些基础练习是孩子理解简单语言指示的开始。

5 关心别人的行为

● 一起做的行为

如果对别人的声音有了反应，就会渐渐注意自己周围的事情，才有可能和老师之间慢慢建立起共同的交流基础。训练方法如：一起散步——看花草、标志牌、汽车等；一起看其他孩子——游戏场面、上课场面等。

● 交谈、碰触

和孩子一起散步的时候，可以和他聊天，"看，蝴蝶结"，再让他摸一下蝴蝶结。既看也做的这种经验对他来说是很珍贵的。这种训练是为了让孩子意识到交流的对方，所以应每天和同一个老师进行。

6 和孩子的情绪紧密结合

● 确定孩子的反应

对自身和他人的理解这个训练内容重点在于孩子和老师之间的关系，孩子的实际状态也许是图2-1中的"（8）无反应"，所以，首先要培养的是孩子和老师之间情绪上的共感性。

情绪这一要素若能不断发展下去，孩子的沟通能力就会提高，会向"（7）显示一些兴趣"和"（6）动作模仿"这方面发展。为了更好地促使孩子形成积极的对人的意识，当他对外界做出反应时要立即给他奖赏来强化这种行为，如握手、摸摸他的头、拥抱等。

● 在家庭中

在家庭内开展同样的练习可以提高孩子对自身及他人的理解。因为家庭生活比幼儿园更丰富多彩,训练的机会也比较多。

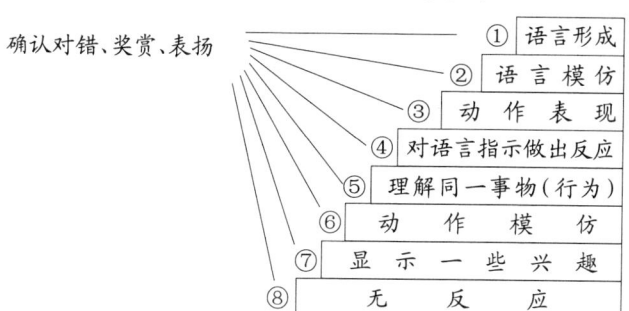

图 2-1　语言形成的发展阶段

❷ 对身体部分及身边的人的认识

1 寻求人际关系的扩展

● 人际关系不佳的孩子的特征

许多重度发育障碍儿童不能理解自己的身体（身体影像——身体概念）。他们的特征主要有以下几点：身体运动笨拙，不灵活；动作模仿困难；筷子、剪刀的使用方法怪异；"前、后"等位置关系理解困难；讨厌被碰触。这些问题不光会阻碍人际关系的发展，也同样会影响穿衣等生活习惯和认知的发育。

● 以身体接触为轴心

目的是让孩子通过学习身体接触扩展人际关系，并初步学习动作模仿。

2 尝试各种各样的身体接触

这里的训练指导内容是：理解自己的身体；意识到别人的存在；理解镜子中的自己。在训练的层面上应注意以下几点。

● 和孩子尽情游戏

要孩子形成正确的身体影像概念，最好的方法是多和他玩。类似"背背翘"（背背翘就是两个人背对背站着，互相挽住手臂，你背我一下，我背你一下。也有的地方叫"背人""背对背"或"拔萝卜栽葱"。——译者注）等身体接触很多的游戏，追逐游戏，挠痒痒，这些触摸孩子的方式是很有效果的。身体被碰触的次数越多，孩子越能感觉到自身的存在，同时也能注意到对方的存在。刚开始孩子会讨厌被抚摸，但慢慢地可以接受。当他习惯了被抚摸除了脸以外的身体其他部分后，老师可以试着一边说"瞧，宝宝的小脸"，一边抚摸他的脸。

● 触摸孩子的身体来确认名称

进行上述的训练之后，孩子对于身体的认知一般会得到提高。接下来，直接抚摸身体的特定部分，如手，告诉他这叫什么。不能只凭一时高兴，而要抓住时机，落实在诸多生活细节上。例如：洗手时——"这是小手，洗洗干净，给我看看"，一边说一边摸他的手；换衣服时——"看，宝宝有肚脐眼"，一边说一边摸摸。要经常评估孩子对身体名称的理解到了什么程度，例如，问他"宝宝，耳朵呢"，看他的反应。

● 建立模仿的基础

身体接触多了以后，可以让孩子坐在膝盖上，和老师一起学习动作模仿。下面的做法有助于孩子投入学习：

①经常把他放在膝盖上，紧紧地拥抱他。
②在膝盖上抚摸他的脸、眼睛。

③只要孩子不逃避，即使不理不睬，也可以进行动作模仿的练习。

匆忙引入所有动作模仿项目肯定会失败。动作模仿要从最简单的动作开始，如拍手，然后过渡到复杂的动作，如扮猫眼睛。可以根据下表来观察孩子，确定训练阶段。

表2-2 辅助的阶段（障碍儿童的教育计划）

阶段	目标	辅助方式	注意事项
Ⅰ	·找出训练瓶颈，用语言提示的同时，加上手的辅助 ·孩子和老师一起做	通过语言提示和身体接触，固定行为	·加辅助 ·按照一定的顺序和方式重复进行 ·适当的奖罚
Ⅱ	·依课题设计做示范动作，让孩子模仿，巩固动作	通过语言提示、姿势、动作，固定行为	·依训练项目做示范，让孩子完成示范后，观察他的动作 ·语言提示、身体姿势、动作合并使用 ·在孩子视线内正确示范 ·适当的奖罚
Ⅲ	·用语言帮助项目完成	语言提示	·口语命令"宝宝，鞋子放好" ·孩子完成一个项目之前，耐心观察他 ·表扬他"做得真好"，培养他完成一个项目的愿望
Ⅳ	·在必要的场景中能自发地完成	自发的行为	·评估项目的完成情况，给予奖赏。 ·若做错了，分析问题，重新按前三个阶段加以辅助。 ·适当的奖罚

3 用孩子容易理解的方式

● 有助于让孩子理解自己身体的方法

①让孩子抚摸老师的身体，"这是老师的鼻子"，让他学习认识他人的

身体。

②指着孩子的耳朵说:"宝宝,给我看看耳朵。"

③问孩子"眼睛在哪里",让他指出来。

这些内容每天要用同样的方法重复练习。

不仅要加深对这些身体特定部位的理解,还要和身体的运动,尤其是跑、跳、走等大运动和手指游戏结合起来练习。

● 个别的身体运动

可以是广播体操、马拉松、登山、游泳、球类游戏等。这个项目可以个别进行,也可以在幼儿园的全园活动或班级活动中进行。

● 提高人际关系的游戏

有严重发育障碍的孩子,基本上都很缺乏和人交往的经验,情感的发育和社会性的发育都较为迟缓。对这样的孩子,设定一些包含较多人际关系的场景,并结合情感的训练非常重要。"不见了"这个游戏就很有效。可以在正在走廊里走路的孩子面前蹲下来,蒙住他的脸,说:"不见了,不见了!"也可以让孩子坐在你的膝盖上,或把孩子放在大纸箱里玩这个游戏。只要稍做训练,就能够帮助孩子区分自己和他人,提升建立人际关系的能力。

● 用镜子做模仿游戏

利用镜子进行训练可以帮助孩子注意自己的身体,训练步骤如下:

①站在镜子前,指着镜子说"小明在里面"。

②站在镜子前做动作，牵着手一起在镜子前跳、拍手。
③按照一定的节拍运动身体。
④眨眼睛，一边说"眨眨眼睛"，一边做动作。

利用镜子可以使孩子看到自己身体的运动，从而产生对身体姿势的兴趣，建立动作模仿的基础。根据孩子的状态，利用镜子进行动作模仿的训练是非常有效的一种方式。镜子对培养运动节奏也可以起到很好的作用。

4 培养孩子的情感

和以身体概念及身体接触为中心的训练不同，这里介绍的是对人的意识的培养。这种训练的意图不仅是研究身体层面的问题。在这些项目组合当中，不能忽略的是对人际关系的培养和作为这个基础的情感的发展。因此，评估这方面的发育状况是非常重要的。

如果这些训练在家庭中进行，效果会更明显。每天在起床、就寝、入浴等穿脱衣服的时候，可照同样的方法重复训练。项目的选择一定是具体、和孩子生活紧密结合的事情，也可以加入一些延伸项目，如荡秋千、跷跷板等运动游戏。

以提高孩子情绪的共感性为目标

相关用语链接

◆ 自我概念

是指对自己的身体特征、能力、性格等比较持续的认知。障碍儿童大都缺乏对自己的正确认识和理解的能力，必须通过训练让他们能够理解自己。自我理解的训练要根据孩子自身的能力水准来进行。可考虑用身体接触和指导等方法。

◆ 身体概念

是指身体影像，在运动及伴随而生的感觉发育的基础上形成。通过身体运动带来的来自身体内部的感觉刺激和身体表面的触觉刺激，使人们在身体运动和统合的过程中认识到自己身体的空间感。对发育障碍儿童来说，身体概念非常重要，它是关于身体部分的各种名称及功能的认识。这个概念的确立是自我认识和自我概念的基础，所以，这方面的训练很重要。

◆ 婴幼儿听力检查

一般的成人听力检查是用纯音听力计来测定的，听到耳机里的声音，按一下按钮，可用来判定是否听得见轻微的小声音。但是，婴幼儿和发育障碍儿童很难有这种主动性，而听力测试、ABR（Auditory Brainstem Response）利用听性脑干反应进行检查，尤其是 ABR 检查，对做不了主动性检查的孩子非常有效。ABR 是一种与本人的意志毫无关系的被动性检查，适合婴幼儿的特点。这种检查在大学医院、综合性医院都可以做。建议发育障碍儿童接受听力检查。

第 3 章

奠定社会生活的基础

训练内容：
1. 奠定人际关系的基础
2. 从独自玩耍向集体游戏过渡
3. 在集体中获得规则及角色分配的常识

领域	项目	临床观察项目
Ⅱ 社会性	（3）交往	7　1. 脸贴脸/拥抱 8　2. 举高高 9　3. 转圈 10　4. 挠痒痒 11　5. 跑步 12　6. 摔跤 13　7. 球类游戏 14　8. 翻滚游戏
	（4）角色分配及规则	15　1. 拼人脸图 16　2. 体力循环游戏 17　3. 玩卡片 18　4. 过家家 19　5. 购物游戏 20　6. 购物 21　7. 小帮手
	（5）人际关系	22　1. 和成年人游戏 23　2. 和年龄小的孩子游戏 24　3. 和同龄孩子游戏

❶ 奠定人际关系的基础

1 提升和人的交往能力

● 交往能力差的孩子的特征

发育障碍儿童的人际关系大都很差,这和障碍的类型没有关系。这些孩子具有以下一些特征:温顺安静,不麻烦人;自己玩耍的时间很多;不粘妈妈(养育者);自己解决自己的需要;发呆。

所有这些都限制了他的人际交往。对普通孩子来说,在与人交往的过程中可以学会很多东西,如情感、语言、认知、运动等。交往经验的匮乏对孩子发育的影响是巨大的。但问题出在哪里呢?

● 缺乏喜怒哀乐的感情

正常但尚未发育完全的孩子,自己解决问题的能力还不够,有不愉快或想要提出一些要求时,表现出来的行为就是"哭泣"。周围的人会因为他这种行为帮助他驱除不愉快的事。孩子在和这个人的交往中学会了怎样表达自己的心情,怎样提出自己的要求,体验喜怒哀乐等各种感情。但是,由于发育障碍儿童求助的能力很弱,因此和别人建立这种联系的机会就少得多。

● 较少用语言交流

随着年龄的增长,不愉快的事及需要解决的事情渐渐增多,和周围的接触也因此越来越多。这种情况下,只是用身体语言来表达已经不够,对语言表达的需求逐渐多了起来。但是,经常独自玩耍,愿望要求少的发育障碍儿童很少有机会练习语言交流,因此,他们的语言理解能力也很差。

● 重视发育问题

除了上述情况，障碍儿童还有各种各样发育上的障碍，因此必须从孩子的整体发育水平上克服这些缺陷。

重视发育问题是建立人际关系的基础，即情感的交流，和人的交往，建立语言发育的基础。多和孩子玩一些包含这些因素的游戏，着重训练对自身和他人的关系及身体部位的认识，对身边的人的认可。

2 培养对交往方式的理解能力

● 通过身体接触，培养初步的人际关系

对很难接受指示及情绪不安的孩子用语言指令是没有效果的。所以，通过身体接触让他意识到对方是较好的训练。对还不能和人进行语言交流的孩子，可以重复玩背背翘、脸贴脸等单纯的游戏，让他渐渐熟悉、理解情感。当孩子表现出不安，一个人游移不定，成人想要强化的行为时，一定要对他进行这种干预。

● 引导出预测行为的能力

没有目标，转来转去的孩子没有办法明白将要发生的事情，因此，他们会有一些任性自我的行为。为消退这种行为，必须要让他慢慢对对方的行为做出反应。比如，可以让他学习理解下面这样一些简单的行为：张开手臂——想要抱抱，伸出手——想要牵着手等。即要让他读懂老师发出的信号。

帮助孩子学习这种能力的游戏可以是脸贴脸、背背翘等需要通过身体来确认动作的游戏。这也是成人和孩子之间非常重要的一种游戏。这种游戏可以让他学习预测父母和周围人的行为，并扩展自己的行为。

● 理解任务，做出反应

不能理解指示的孩子，很难明白别人的意图，整天惶惶不安，甚至会表现出恐慌。这些表现与其说是语言理解的问题，不如说是不能理解单纯行为的含义的问题。任何一个孩子都不是一开始就能明白这些，但重复玩举高高、转圈这种游戏有助于提高孩子的理解水平。

在玩的过程中，孩子学习了人际关系的简单规则。孩子会玩的简单游戏越多，他的人际关系的基础就会越快地建立起来。

● 应对有要求的孩子

孩子感到和别人相处的快乐而愿意一起游戏之后，会有不同的表现，你对他说"不行"，而他却故意对抗。这些行为出现后，有时也会发出"啊啊"的声音，或者通过碰触身体来表达需要。重要的是要应用、扩展这种行为，把它和语言理解、行为调整结合起来，这对交往的发展有很大的影响。

奠定角色行为的基础

3 明确游戏的目的

● 建立语言理解的基础

要进行的游戏必须具有以下这些重要特征：游戏伴随动作；简单易学；动作和简单的语言结合在一起。具备这些条件的游戏可在任何地方进行。因为游戏中的动作和语言是相辅相成的，孩子通过游戏能够学习掌握行为和语言的关联。游戏时运用的语言应注意以下几点：

①有描述动作的象声词——"骨碌骨碌转"，"吧嗒吧嗒吃"等。

②有短句子——"停"，"过来"。

③在玩举高高的游戏时，对他说"过来，我们玩举高高吧"，一边说"举高喽，举高喽"，一边把他举起来。

最初，孩子不能理解语言的含义，如果不断地引导他接触这类游戏，他慢慢会产生对语言的关注。

● 具有刺激孩子感觉的游戏

对发育障碍儿童来说，一个游戏还应具有以下条件：感觉刺激，大量使用身体运动，积累快乐的经验。

大部分孩子对跑、跳等感觉运动游戏感兴趣，因为这种身体运动可以释放能量，让人变得心情愉快、安静。

和孩子做游戏之前要充分考虑上述因素，选择一些有活力的、有生气的游戏。孩子快乐的经验越多，和人之间的纽带就越紧密，孩子也会非常想玩这些游戏。

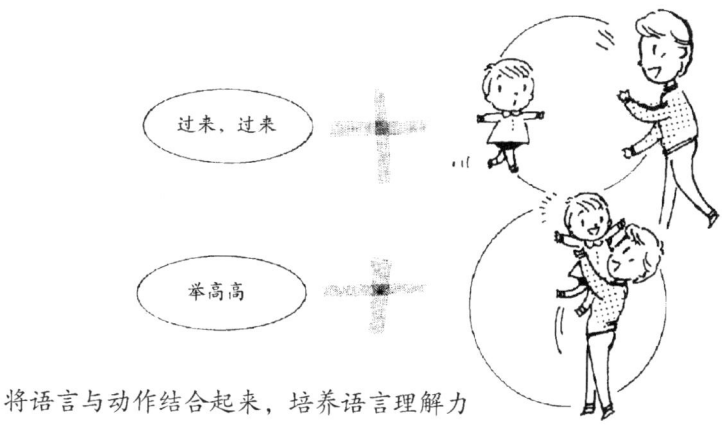

将语言与动作结合起来，培养语言理解力

4 和孩子接触的距离

● 接触的步骤

如果对一个多动、语言理解力很差的孩子保持一定距离说话的话，怎么努力他也不会有任何反应，这被当作他们的特征之一，所以，应按下列顺序完成和孩子的距离过渡。

①身体紧密接触——背背翘，脸贴脸。
②牵着手面对面——举高高，转圈，挠痒痒。
③保持一点距离——跑步，摔跤，玩球，翻滚游戏。

● 培养发育的萌芽

以下过程在孩子心中培养出了一些发育的萌芽：安心；理解语言；很好地看；培养模仿能力。

5 身体接触游戏

● 脸贴脸、拥抱、背背翘

这个训练内容对那些即使有很大的声音也不能引起他们注意的孩子很有效。和他贴脸的时候不能只贴一下脸，还要同时抚摸他的身体，捏捏他，摇摇他。当孩子不知道该干什么，表现出不安的样子时，可以和他做这些游戏，步骤如下：

①到他身边和他说话。
②一边看着孩子的脸说："宝宝，来，抱抱"，一边拥抱他。
③抱过后，牵着手去散步。
④散步的时候，一边指着东西一边和他说话。
以上游戏最好在自由活动的时间进行。

● 举高高

对背背翘、脸贴脸这些刺激没有反应的孩子，类似举高高的游戏是最适合的。但大孩子做有些困难，可以用蹦床、滑梯、跷跷板、荡秋千等活动代替。

当你和他做这些游戏的时候，一定要牵着手面对面，一边和他说话，一边重复做同样的动作，动作要和语言保持一致性。有很多游戏是重复性的动作，可配上重复性语言，在休息时间进行。

● 转圈圈

这是重度发育障碍的孩子最喜欢的游戏，很多孩子都会拉着老师的手要求多玩几次。这个训练的关键是身体被抡起来的时候孩子和老师的脸要靠近，有眼神交流。孩子会体验到一种快感，自然会流露出许多生动表情，还会有声音发出来。他要求多玩几次时，我们可以和他定一个简单的规则再玩："站好""注意""给我手""转，一，二，三"。

普通孩子也很喜欢这个游戏，他们和有障碍的孩子一起玩时，让他们说"老师，我想玩"，然后，以"包、剪、锤"的方式决定顺序。其实游戏里面有很多文章可以做。

转圈游戏的延伸

6 利用感觉和运动的游戏

● 挠痒痒

这项训练不能在一开始就做，而应在背背翘、转圈圈等项目之后进行。因为孩子刚开始可能不习惯被抚摸，身体过敏，直接去给他挠痒痒会增加他的敏感度。抚摸孩子时应注意以下几点：①避开敏感部位；②用刺激体内肌肉的方式抚摸他；③轻轻挤压，摩擦；④挠痒痒。

挠痒痒还可以提高孩子的身体概念。挠他身体的时候可以一边说"这是手"，"这是耳朵"，一边进行。

● 跑步

这个项目的训练内容包含：语言理解，身体的移动，模仿能力，任务分配的意识。只要是涵盖了这些内容的游戏都可以用来训练，而不必拘泥于跑步。以下是实际训练时的步骤：

①让一个孩子站在终点线上。
②老师示范跑到终点。
③老师和孩子一起跑到终点。
④发出起跑信号后，跑到终点。

这项活动最好和其他孩子一起玩，可能的话，还可以向运球等游戏发展。

类似跑步的游戏

● 摔跤

摔跤这个项目不是要让孩子学习身体概念，主要的目的是训练身体接触，训练时应加入以下这些动作或语言：拥抱；一起摔倒；抬起身体；类似"摔倒了"，"好重啊"等交谈性语言。

以这些动作为中心，向动作模仿等训练上引导。摔跤的动作非常单纯，孩子很容易学会。如：左右两脚交替，高举用力踏地；击掌；举起脚。

类似的还有预备跑、停、前进等配合口令进行的活动。

● 球类游戏

对那些能理解语言指令，会一点模仿的孩子，可以和他们玩一些要保持一定距离的、有交往内容的游戏。不只是球类游戏，变大变小、捏拢放开等有节奏的游戏都可以用来训练。

具体实施时要把训练内容分解成简单的步骤，一个动作一个动作来教。如"捏拢放开"这个游戏：捏拢——手捏拢；放开——手张开；拍手——拍拍手。球类游戏也是这样，"看球"，"骨碌骨碌滚喽"，"给我球"，从语言和动作配合开始，可以逐渐发展到"给我红色的球"这样的分类游戏。

各种球类游戏

● 翻滚游戏

到目前的阶段，孩子应该可以和老师离开一定距离活动。接下来，要练习对语言命令的理解。为了提升这种能力，非常重要的一种方法是通过类似"烤白薯"（是由孩子充当炉子上的白薯，即躺在垫子上，不断翻转身体。——译者注）这种运用自己身体的游戏，使他们能理解行为。

训练的要点是语言与动作的一致性。这种训练一般有三个阶段：手把手做动作；示范，模仿；听从语言指示移动身体。先要搞清楚孩子的能力在哪个阶段，然后再做训练。为了让孩子能够做到听从口令完成动作，要尽可能大量使用菜单化指导和模特模仿这两项训练技术。

这个项目的训练不一定要单独进行，可以和其他一些具有运动性、节奏性的课程一起进行，如平衡台、跳马、动物模仿等。

7 以均衡发展为目标

● 目标确认

这里的训练内容只介绍了一部分基本的游戏，目的是建立人际关系的基

训练的流程

础。训练要点有以下四点：身体接触；模仿；语言与动作相匹配；语言。

这个流程中的每一步都应成为评估点，而不是只局限于身体接触。除此之外，还应结合孩子的发育状况，对以下几个方面做一个综合评估：①情感发育——喜怒哀乐，与人情绪上的交流；②预测行为——判断即将要发生的事；③任务分配的理解；④模仿能力；⑤语言理解。

从这几个方面中，我们可以知道孩子与人的情感交流处在哪一个阶段，这对指导训练非常有用。

● 愉快的、能够玩的内容

选择游戏时一定要选那些孩子乐意玩的项目。

例如，在走廊里看见孩子，可以面对他说："源源，小手，啪啪"，一边说一边和他玩拍手游戏。并不是在规定的时间做规定的内容才叫训练，所谓训练应该从简单、时间短、可反复进行这几点开始。在不断重复的单纯的游戏中，孩子可以学习与人的交往技能。做的次数越多，孩子越能尽快地理解人际交往中简单的规则。以此为基础，孩子才能进一步拓展人际关系。

● 确认行为、动作

对孩子来说，有一个非常重要的方面是用身体来确认一个行为或动作。我们常常见到训练时老师只用语言训练，孩子则是鹦鹉学舌，一片茫然。实际上，对一个孩子来说，在说话之前，他应该学会用身体来理解这个行为是什么意思，要用什么动作来表示，然后才能顺利过渡到对言语的理解。

具体的指导应为：教导行为、动作；保证学习行为和语言的一致性。要

培养人际关系游戏的条件

反复、耐心地训练，如果忽略了这些，就很难建立一个与孩子沟通的平台。

❷ 从独自玩耍向集体游戏过渡

1 培养一个会玩的孩子

在幼儿园这样一个群体环境里，可能会发现有的孩子不能融入集体，大部分时间一个人玩，还有的孩子不光不会和同龄人玩，也不会和父母、老师一起玩。对这样的孩子必须要尽快使他们从独自玩耍的阶段向亲子游戏、师生游戏、小组游戏的阶段发展。

关于游戏的作用有许多说法。在这里，主要强调以下几点：①体验情绪上的满足感；②学习和人的基本交往方式；③获得社会生活中的基本规则；④物体的操作技能——手指的发育；⑤在与物或人的交往过程中，加深对物的认识。

2 提高游戏技能

● 给孩子充分的独自游戏的经验

在独自玩耍的孩子中，有一些孩子在婴幼儿时期没有游戏的经验。

心理学家皮亚杰指出，孩子在两岁左右以感觉运动的游戏为主，例如：闻气味，发出声音的游戏，触摸物品，重复同样的事情。

如果有孩子在玩这样的游戏，有必要满足他的需求，甚至可以和他一起玩，帮助他实现在感觉运动游戏阶段的发展。

● 优先考虑与大人游戏

不会玩耍的孩子的游戏能力还没有发展起来，尚未形成游戏的基本概念。究其原因，大概是因为婴幼儿时期"太老实，好带"，没有和母亲游戏的经验。这样的孩子，最重要的是通过和母亲、保育员、老师大量的身体接触性游戏来体验和人交流的快乐感觉，学习对物品的操作方法。和大人的接触可以影响到他的判断力和认知能力。简而言之，就是带领游戏的能力，在这里学习到的各种游戏规则必须能迁移到其他场景中。如果一开始就让他和其他孩子一起游戏，可能就学不到这些内容。

● 提高对人的关心程度的训练

随着和母亲的依恋关系的发展，正常发育的孩子很自然地会关心周围的同龄人或大人。因此，首先要以母子关系为轴心拓展游戏，例如，从母子之间经常玩的游戏开始，如"背背翘、脸贴脸、不见了"等，可以提高孩子对人的关心程度。

接着，要从亲子游戏向小组游戏、集体游戏发展，要有意识地带孩子去有小朋友玩耍的场所。

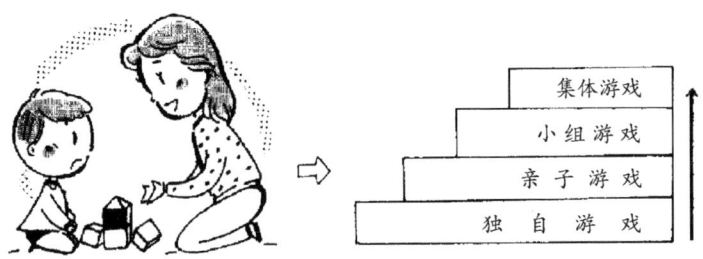

游戏的发展是从母子关系逐渐开始的

3 和别人交往的方法与游戏

● 和大人的游戏

孩子是在和人的交往过程中发育起来的，对精神发育尚未分化的孩子来说，通过和大人的游戏可以获得和别人的交往方法、游戏方法，这是十分必要的。

和大人的游戏内容要考虑孩子的发育程度及兴趣，可以从以下几个方面来选择：①使用身体——拓展运动能力。②使用物体——感觉物体的操作性。③和人的交往——培育社会性。④听、思考——语言理解，物体的认识。

能够和孩子顺利进行的游戏一般有身体接触游戏、感觉游戏、运动游戏等。对重度发育障碍的孩子来说，这些游戏非常有帮助。应尽可能以身体接触游戏为轴心，以感觉游戏、运动游戏、模仿游戏、创造性游戏的顺序学习。做游戏时，首先考虑让孩子体验和别人一起游戏的快乐，以及玩玩具的趣味性。可以在玩的过程中示范玩具的使用方法，教孩子玩玩具的重点。

● 和低年龄、同年龄孩子的游戏

在幼儿园有不同的年龄组，孩子也有各种不同的个性，因此，可以对游戏进行多样性选择。比如，对喜欢运动的孩子，对喜欢过家家等模仿游戏的孩子，可以有不同的选择。这样，能够让发育不均衡的障碍儿童体验到和别的孩子玩他擅长且喜欢的游戏的感觉。不过，这种体验的方法却如表3-1所示是有阶段性的，这一点十分重要，老师必须经常评估这个孩子的游戏水平处在什么阶段。我们经常可以看到有发育障碍的儿童被要求参加协作性、组织性游戏，但对他们来说很困难，因为这是游戏的最高阶段，任何一个孩子都不可能会玩超过自己能力的游戏。

表3-1 和孩子的游戏

类型	举 例
感觉游戏	橡皮泥、水、沙子、拼图、积木、穿珠、章鱼爪*、烤白薯
运动游戏	球类游戏、攀登架、三轮车、荡秋千
身体接触游戏	转圈圈、散步、拥抱、手指游戏、背背翘
模仿游戏	手指游戏、动作模仿、过家家、摔跤
情节性游戏	绘本、电视、连环画
创作性游戏	积木、橡皮泥、折纸、画画、制作

*"章鱼爪"是一个拥抱身体的感觉游戏，即小孩子像章鱼一样手脚紧紧地缠在大人身上，大人不用手抱。——译者注

引导幼儿参加游戏的方法有许多种，老师可以在尊重孩子自身的自发性行为的前提下按下列步骤引导孩子：①在有障碍儿童的场所和他一起

玩。②和他说话,"看,这是沙子"。③吸引别的孩子到这里来玩。④"来,玩荡秋千,大家排队"。制定一个简单的规则,一起玩。⑤"把积木借给我好吗?"制造一些和别的孩子交往的机会。

老师要经常想办法在孩子之间设计场景,创造角色任务,制造交往机会。这种游戏做得越多,孩子越会想和别人一起玩。

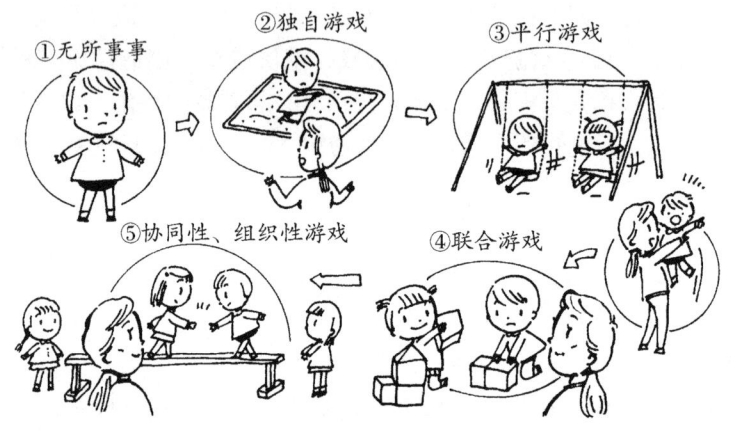

让孩子参加游戏的步骤

4 确定游戏水平

孩子的游戏水平是依独自游戏、亲子游戏、小组游戏的顺序发育起来的。这其中,以从亲子游戏这种和大人一起进行的游戏开始,规模慢慢变大。在幼儿园里,老师要尽量寻找机会,试试什么样的游戏是孩子感兴趣、喜欢的,发现要怎样对他施加影响,自己要做出什么样的反应。表3-2是一个孩子的游戏发育过程。老师应该经常检讨什么游戏最适合孩子的能力水平。

表3-2 游戏水平及内容

独自游戏 ——
亲子游戏 ——— 平行游戏 = 玩沙子、积木、拼图块
小组游戏 ——— 联合游戏 = 粘土、制作

集体游戏 ——— 协作性、组织性游戏 = 球类游戏、基础体力训练

❸ 在集体中获得规则及角色分配的常识

1 在集体中学习规则、任务分配

人类通过自己的行为学习交流沟通的方法，并最终拥有这个社会性行为。这里的训练主要着眼于以下几点：了解自己；关心别人；和别人情感上的交流；理解简单的行为构成。

通过语言理解别人的意志，学习角色行为和作为生活根基的规则，对社会适应性是非常重要的。到目前为止，我们所阐述的阶梯训练方法是使孩子意识到自己和他人的不同，奠定理解别人的意图或要求的基础。这里所讲的人际关系有一些社会性内容，具体内容如学习角色行为，理解规则。这两点都要从人际关系上获得。在理解事物的基础之上理解规则，具体包括以下一些内容：形状的构成；形状的恒常性；配列顺序；欠缺部分；比较、分类。这些内容是训练中必需的项目，并且不仅仅局限于和人有关系的角色任务的学习、理解及对规则的理解等方面。不过，角色任务、规则等是可以在人际关系中学习的，这在前面已经讲过。

2 阶梯训练原则

前面的训练大多是使用身体进行的游戏。它们具有以下特征：①使用物体；②用手操作；③社会化内容；④与生活联系密切。

这一章要讲的内容已列在发育诊断评估表里，包括：拼人脸图；体力循环游戏；玩卡片；过家家；购物游戏；购物；小帮手。

● 从具体的活动开始

到目前为止，已介绍的所有训练方法都与生活密切相关，基于具体的活动，以情感的交流为主，且一对一的训练方式比较多。但如果总是从这两点出发来训练孩子，恐怕很难学会集体行为，所以，要在孩子的具体游戏里结合训练项目时尽可能注意以下几个要点：指示明确；确认结果；训练项目游戏化、小组化。

例如，设计蹦床游戏，要考虑到以下这些训练要点：拉着手，站在蹦床上；和老师一起，跟着指示"一、二、三"跳；跳完约定的次数，拉着手下蹦床；坐下，等待轮换。

从孩子最容易的项目开始，以获得角色任务、服从规则为目的，尽可能分解训练指导课题，并融入小组活动中。

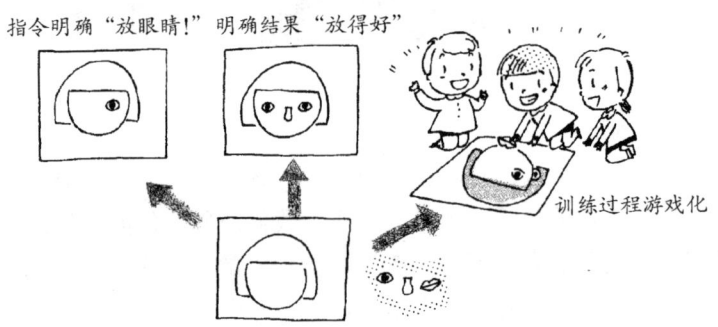

训练要点（以拼人脸为例）

● 行为修正及示范性提示

刚出生的孩子在各方面都处于一个未成熟状态，在以后和人的交往中逐渐发展成一个社会人。在这个过程中，要不断地指引孩子行为的方向，如"小明，穿好裤子"。或对到处跑的孩子发出行为修正的指令，"小明，到这里来"。对只会乱扔积木的孩子，母亲会叫住他，进行示范性提示，"小明，积木，看，堆得高起来了"。训练时，这些行为修正和示范性提示是很有必要的，尤其是在做装扮游戏时，应该结合这些要素。

要尽量利用日常生活中的各种场景，以社会化的活动为前提，如"小明，拉好手"，"小明，排队"，"小明，吃饭吧"。类似的经验越多，越容易为今后加入装扮游戏做好准备。

孩子行为的纠正及示范

3 拼人脸图、纸牌、图画卡的训练

● 孩子最喜欢拼图游戏

幼儿时期的孩子最喜欢玩的游戏是拼图块，还有就是纸牌和图画卡游戏。喜欢玩这些游戏的孩子已发展出将事物一一对应的能力，如"看到开关就会联想到开灯"。对能根据学过的事物的简单因果或规则做出判断的孩子，可以开始拼人脸图、图画卡的训练项目。

找图形

● 循序渐进

训练时，先进行一对一个别训练，然后再在小组中进行。个别训练可在自由活动或午休时进行。这组项目可以培养角色任务的意识、训练项目的意识。老师和孩子之间可以按照一些基本的规则来做，如"下面该宝宝了"，"这次该到老师了"。当然，如果孩子完成了要求，要赞赏他，如果不能完成，则辅助他完成。虽然这些是个别训练的内容，但是有些游戏也可以在小组中练习，如"找形状"。

当然，对普通孩子不能只给"圆形"这一种指令，而是要给出类似"按圆形/十字形/三角形的顺序跳"的复杂指令。这样，普通孩子也会很乐意一起玩。

4 体力循环游戏

● 大运动和感觉运动的组合

大运动和感觉运动的组合可以帮助儿童关心语言，扩大游戏范围，增加丰富的经验，获得规则，理解角色任务等。这是一个很好的综合学习，融入了众多的游戏种类和要素，是一项带给孩子活力的项目。相对个别训练，这个项目更适合在小组中练习。

实际训练时，要用心挑选所配置的道具、用具，多留意语言指令的内容。例如，在道具、用具类中，有智力板、形状板、剪刀、蜡笔、图画纸等桌面用具，也有蹦床、平衡木、跳箱等动态活动用具，要区分哪些是孩子有兴趣的项目，哪些是不感兴趣的项目，哪些是不太花时间的项目等。

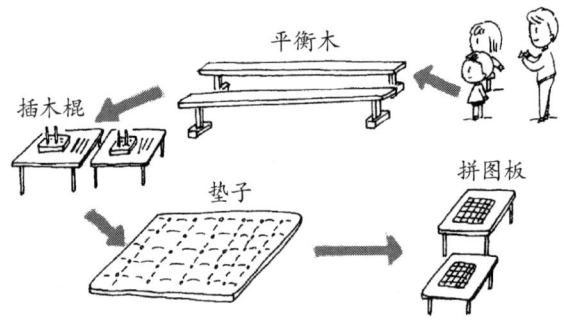

体力循环游戏的方法

● 游戏方法

将选定的项目，如平衡木、圆柱插台、垫子、拼图板等按顺序排成圆形，并制定每个循环应遵守的规则。

①平衡木——一个人或牵着老师的手走过去。

②圆柱插台——开始时只让他插自己喜欢的，熟练之后，给予指令，

如"插红色棒"。

③垫子——配合"骨碌骨碌滚，骨碌骨碌滚"，移动身体。

④拼图板——每次放两张。

为了让孩子遵循这些规则，老师要发出明确的语言指令。若孩子对指令无反应，一定要给予辅助，拉他的手，或指给他看。和普通孩子一起玩时，为了引起这些孩子认知上的好奇心，可以增加记时、两人一组比赛等规则。

5 过家家、购物游戏

● 扩大影像范围

已建立规则或角色任务概念的孩子，可以从现在玩的感觉运动游戏慢慢进入装扮游戏。因为他们已经开始注意并理解自己周围的人和发生的事。从另一个角度来说，孩子头脑中有丰富的影像图片对语言的发展有重要的意义。因此，要尽量玩一些装扮游戏，以扩大这种影像。

普通孩子从把一块积木看作汽车这样的选择判断性游戏开始向装扮游戏发展，但是有很多有障碍的孩子却很难实现这样的发展。所以，在训练障碍儿童时要越过将一物当作另一物的选择判断性游戏阶段，直接玩装扮游戏。例如，可用蔬菜图片或小的水果模型玩蔬菜店游戏，或用木制、塑料餐具玩过家家，表达"小明，吃饭了"，"我吃饱了"等等。

● 具体的活动

这样的游戏可以在自由活动时间进行，最好是全体小朋友一起玩。另外，在店铺前排列的物品、使用的钱币，最好能用孩子们的手工作品，也可以和家长配合，摆一些家里自制的蛋糕、薄饼。游戏指导时要明确分配店主、客人的角色，还可准备一些购物篮、购物袋，以便更符合现实场景。

但是，这种训练只在幼儿园中练习是不够的，必须和家庭生活配合起来，例如，早上打扫时，给孩子系上围裙，戴好头巾，装扮成妈妈，一边说"妈妈，给"，一边递给他扫帚，然后和他一起打扫。这样和一天的生活结合起来，多给他一些整理房间、购物的机会，才可能更好地提高玩装扮游戏的能力。

在家庭生活中获得足够的经验

6 购物

● 家庭的重要性

购物、帮忙做家务等都是高级角色任务行为，这些活动要求孩子必须顾及对方的要求、想法，同时调整自己的行为。这种能力可以在交往性游戏、装扮游戏中培养。

购物训练很难在幼儿园中进行，在家庭中的训练就显得很有必要。其训练要点为：和妈妈一起去商店，让他逐渐熟悉商店的环境、氛围；和孩子一起去买东西，示范购物方式；让孩子独自去买他喜欢的食物，独自付钱。

这样的训练每天都要进行。练习一段时间之后，可以把要买的东西写在纸上，让孩子拿着去买；再过一段时间，让他不用记录纸就去买东西。开始时买的数量要少，以后渐渐增加。当然，店员的配合也很重要。

● 从简单的内容开始

帮忙做家务的训练要从日常生活中的小事做起。例如，餐前的就餐准备、拿报纸、拿牛奶等等。随着孩子能力的增加，可以慢慢丰富训练内容。当孩子遇到困难时，要辅助他完成，或示范给他看，让他模仿。完成之后，一定要记得夸奖他。

这些事情都是眼前的、具体的、看得见的。接下来，要孩子只根据听觉印象和想象执行任务。例如："请把隔壁房间的椅子拿来。"如果孩子可以完成这个层次的任务，说明他已经开始意识到如何接受别人传达给自己的想法。

● 幼儿园的小助手

在幼儿园和家里一样,应从日常规范里寻找孩子感兴趣、喜欢的事情,请他帮忙。例如:开关电视、开关电灯、合上钢琴的盖子、关门等等。

幼儿园可以帮忙的活动

7 丰富社会经验

本章的重点是在集体中理解规则和角色任务。因此,孩子如何确定自己在集体活动中的地位就成了评估要点,尤其是能否自觉遵守集体规则做游戏,能否根据指令判断自己的角色,了解自己的任务。

这里给出的训练内容有个别训练内容,也有幼儿园训练内容,要根据孩子的实际情况,确定训练形式和内容。

过家家、小帮手等社会化内容的项目要和家庭生活结合在一起,要经常带孩子去动物园、游乐场等地,以扩大他的认知空间,丰富社会生活经验。

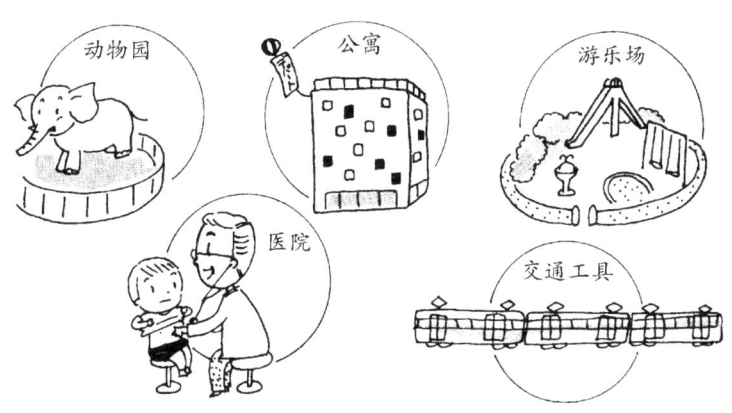

丰富的社会生活经验

相关用语链接

◆ 视力检查

一般使用视力表做视力检查,上面是一些朗多环视标(Landolt ring),或是朗多环视标和平假名混合,或是数字。幼儿则使用石原式万国小儿视力表,上面是蝴蝶、鱼等动物的图案。不过,婴幼儿和发育障碍儿童做这种主动性检查比较困难,所以,让孩子拿着剪下来的塑料朗多环视标和做成卡片的朗多环视标配对更容易一些。事先要做训练正反应的练习。如果做不了主动性检查,可以使用睡眠剂,在睡眠状态下用阿托品测试仪(用阿托品散瞳后做晶状体测定),做屈光异常检查,判定是近视或是远视。和听力检查一样,障碍儿童应该经常做视力检查,确认有无视力异常。

◆ 人的关系

指人际关系。对儿童的发育来说,亲子关系是人际关系成立的必要条件。例如,父母对孩子微笑,孩子也会反过来对父母笑,互相对视,轻轻地点头等等。在亲子之间不断重复的交往中,人际关系逐渐形成,经过不断地发育成长,孩子才可能有伙伴关系和集体生活。

◆ 母子分离

这种教育被认为使儿童自立变得可能。婴幼儿期的母子关系亲密无间,但也表现了孩子对母亲的种种依赖。在这种依赖中渐渐萌发出自我意识,"我自己做"、"我能行",孩子在心理上、生活上都有了离开母亲自立的愿望。在训练中,要确认孩子的行为,逐渐训练母子分离。

第4章

培养兴趣，理解事物

训练内容：
1. 触觉、视觉、听觉
2. 理解即将发生的事件
3. 认识两个事物之间的关系
4. 提高模仿能力
5. 用形状、图画、文字表达

领域	项　目	临床观察项目	
Ⅲ 认知	（6）注视	25	1. 看人
		26	2. 看物
		27	3. 追视人或物
		28	4. 区别人/物
	（7）预测行为	29	1. 看见拿了包，知道是要出门
		30	2. 看见拿了购物袋，知道在门口等
		31	3. 看见拿了车钥匙，会穿好鞋等
	（8）对应关系	32	1. "哪里的嘟嘟声？" "妈妈呢？" 听到问题会去寻找
		33	2. 看见饭碗知道正在吃饭
		34	3. 门铃响了会去开门
	（9）模仿	35	1. 点头
		36	2. 举手
		37	3. 电视节目模仿（高尔夫、棒球、韵律操、儿童节目）
		38	4. 握手
		39	5. 拍手
		40	6. 用积木仿搭宝塔
		41	7. 模仿家长、老师
		42	8. 仿画（线条、形状、脸）
	（10）表现性活动	43	1. 用积木、汽车搭一条隧道
		44	2. 拼图
		45	3. 会把橡皮泥拉长、缩短
		46	4. 会用橡皮泥做一个可命名的东西
		47	5. 画脸
		48	6. 画脸以外的东西
		49	7. 会用剪刀
		50	8. 折纸游戏
		51	9. 写字

❶ 触觉、视觉、听觉

1 提高感觉能力

● 正常孩子的发育

正常孩子出生之后大致会用以下的方式对周围的刺激做出反应：

①不愉快的时候会哭泣。
②听见大的声音会吃惊。
③盯着正在运动的物体或人的脸。
④头会转向有声音的地方。
⑤能区分人和其他的声音。
⑥对有声音的玩具感兴趣。

正常孩子很早就对人或物有兴趣，这是和语言发育、认知能力结合在一起的。从另一个角度来说，看和听是一切发育的基础。

● 障碍儿童的特征

在幼儿园中有很多孩子不与人对视，对周围视而不见，叫他不理。这些孩子的医学检查结果并没有问题，而且视力、听力都正常，不过，由于他们接触外界感觉比其他孩子困难，对视觉刺激、听觉刺激以及触觉刺激缺乏反应，不能给予相应的注意。

造成这种现象的原因有很多。但不管怎样，重要的是要让孩子注意人、物、声音等，而且能区分他们的差别。

● 培养区分能力

孩子的种种学习能力的基础是明确地辨认，抓住人和物的特征。如果他能很好地区分物与物的不同（辨别力），对今后的人际关系、物的认知、语言的发展都有积极的影响。

本小节的目标是提高使用触觉、视觉、听觉等区分各种刺激的能力。

2 培养感觉能力

本小节的训练内容是：看人，看物，追视人或物，区分人或物。在这个阶段的训练中应注意以下几个方面。

● 用视觉来发现兴趣点，用听觉来了解兴趣点

正常的处在发育期的孩子，对用视觉（眼睛）捕捉到的东西，一定会盯着看一会儿，再试试有没有声音，问"这是什么？"这就是用眼睛寻找兴趣点，用耳朵了解兴趣点，也是发现外界刺激的方法。

因此，这里准备的项目的训练目标是先用眼睛扩展兴趣，再用语言培养孩子的兴趣、理解力。

● 以个别训练为中心

比较安静的个别训练更合适教孩子理解事物。所以，在学习注视、注意时，有一个专门的场所比较好。不过，最根本的是要有交往性游戏的快乐经验。

● 重视感觉、知觉

对圆形、三角形等形状的理解应该是对"圆"、"三角"等词汇的理解，这是一个训练要点。通过眼睛看、耳朵听来了解圆形与三角形的不同

注视项目的组合

是语言理解的第一步,所以对语言理解力差、欠缺对事物的认识能力的孩子,要用形状盒、形状迷板、拼图等玩具,多给他看、听、触摸的经验,以提高他对事物的印象。实际上,培养孩子对各种事物的感觉、知觉上的认识,可以促进语言理解力的发展。

3 注意别人

● 重视交往

孩子能准确地观察、关心别人,是学习所有能力的基础,其代表性的内容是模仿能力。这个训练以交往性项目为基础,尤其是对人的注意。最好的方法就是多创造在一起的机会,看着他的脸叫他,和他说话,这也可以引起他对人的兴趣。当孩子对人表现出哪怕只是一点点但可以看得见的反应时,要立刻对他笑,拥抱他,和他握手,鼓励他继续这种反应。

● 动作模仿

动作模仿是语言和动作结合在一起的。可以在类似做早操的全体活动中练习,也可以利用自由活动时间进行个别训练。不过,对发育障碍儿童来说还是个别训练比较合适。要想最初就和正常孩子做一样的动作可能比较困难,可以先和老师拉着手一起看其他孩子做,再慢慢地从举手、跳等简单的动作进行模仿。

自由活动时的个别训练要从容易的、简单的全身运动开始,逐渐过渡到脚、手臂,最后是手、手指等细小部分的活动。

这种训练是让孩子先观看动作,然后发指令"起立"、"坐下",让他模仿。如果孩子做不到,则要辅助他,手把手地教,或多示范几次,让他模仿。除此之外,球类游戏、绘本、纸偶等游戏也适合此类训练。

模仿训练

步　骤	内　容
全身运动	坐下、起立、过来
手、脚运动	拍手、跺脚
手指运动	包、剪、锤
运用身体的游戏	球类游戏、荡秋千、跷跷板

4 看物

● 视觉学习

这个项目可以说是感觉、知觉训练的一部分，因此，只要是感知觉学习的游戏，任何内容都可以。这里的训练目标是有效地使用视觉功能（眼睛）促进以下辨别能力：找同样的东西；拼图；拼物体；拼形状；找图画的缺损部分。

训练用具可以是一般的教材，也可以是目的明确、简单的自制品，或者是家庭中经常使用的东西。如果想用图卡，可以使用色彩鲜艳并能引起孩子兴趣的照片或商品目录。

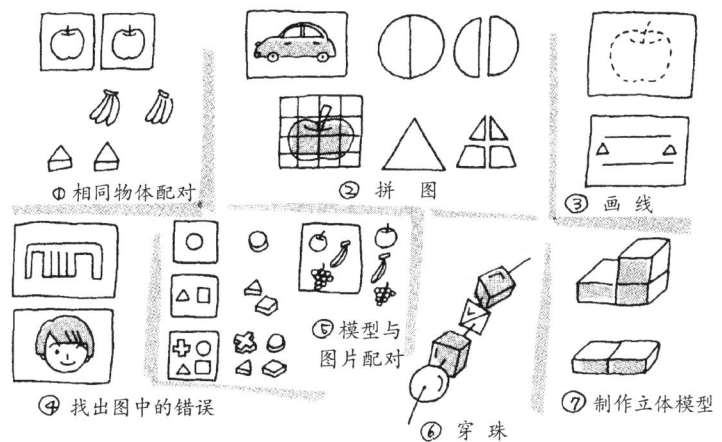

视觉训练项目

● 时间短暂

训练可以选择在自由活动时间，也可以在加餐后的休息时间。训练方式不必拘泥于个别训练，可以另外再请一个孩子参加，这样孩子会比较放松，可能有意想不到的发挥。

例如一个学习类项目，学习步骤如下：①示范，②让他做，③若不能完成，再次示范，让他模仿，④重复前两个步骤。必要时可指给他看或手把手地教。

5 追视人和物

● 关心周围

和前面的方法相反，这个项目的目标是关心远处的人和物。配合这个目标的训练项目有散步、纸偶剧、电视等。要以纸偶剧中体验过的新鲜的惊奇、疑问、感动为轴心，不断引起孩子自身的兴趣，老师应根据不同情况随机应变，唤起孩子的兴趣，"看，起重机啊"。

手牵手看人和物

● 对孩子的兴趣立刻做出反应

对孩子表现出的兴趣、关心的对象，一旦发现需立即做出反应，传达自己对他的感觉的认同。这样，和他人的交往渐渐多起来，孩子也会开始关心别人感兴趣的东西。

6 区分人或物体

● 交往活动带来的变化

注意那些有障碍的孩子,并尽可能多地和他们交往,可能会发生许多变化,如:不再从老师身边离开;有点撒娇;故意做不许做的事来引起老师的注意;在家里注意看家人的活动;想要其他孩子的东西。

这不仅是对老师个人的需求,而且也是以依恋行为为基础,向一个特定的人表现出来的需求。

发现孩子开始出现这些特征后,要以老师为中心帮助孩子对周围的事物、环境进行积极的探索。既然有了对别人的行为、老师使用的东西或其他孩子的东西的关心和注意,那么就应该给他尽量多的机会学习注意自己的行为。

● 对开始在意老师的孩子的训练

已建立的人际关系可能很容易就会夭折,所以,对这个阶段的孩子来说,最好和他手拉手一起训练。

比如,孩子感到不安时,发出了某种声音,并想要向老师靠拢,这可能表明他想和老师说话。这种情况下,老师应该在一天的日常活动中,尤其是在孩子入园时,自由活动或休息时,和孩子手拉手在园中散步,叫别的小朋友的名字,并向他解释周围人的状态,如"小明在这儿","小明在

各种游戏扩展实例

看书"等。

同样，在开始上课前，牵着他的手在教室里先转转，"这是你的蜡笔"，"这是画画用的"，并用这支笔画给他看。总之，老师要尽量通过一件具体的事来影响他。

7 对人、物、声音的关心

这里要介绍的是注视人、物体的训练方法。这个领域的训练和交往性训练一样，是整个训练的基础部分。这些训练项目主要是建立孩子听觉及视觉方面的辨别能力，使他们能对周围的状况做出敏捷的反应。即让孩子自身形成对人、物的认知能力。评估的重点应放在对人、物的注视能力和辨别能力上。

训练项目可以是集体舞、彩虹隧道、捉迷藏、蹦床等游戏，要选择那些能自然地和人脸部相对并进行接触的游戏。

❷ 理解即将发生的事件

1 行为预测能力

因为对所依恋的人有强烈的意识，孩子会对这个人的东西给予很多兴趣。例如，在和母亲的关系中，孩子只有通过看和触摸餐具，理解了餐具和食物之间的关系，才会有拿着筷子去用餐的行为。

只有孩子能把某个事物和行为联系起来，才能理解接下来可能出现的状况或行为。

可以说，这种能力是语言理解发展之前必须具备的。因此，最重要的一点就是在各种场景中指导孩子以物为线索，理解目前所处的环境状况，推断正确的行为。如"哎，怎么了？啊，知道了，是要出去散步了"。

2 行为理解能力

在发育诊断评估表中，"对将要发生的事件的理解"这一项目的内容是"拿着包是要出门，拿着购物篮在门口等，拿着车钥匙穿好鞋等着"。这些活动虽然大都在家庭中进行，但在幼儿园中也是十分重要的训练内容。

为什么要选择这些评估项目呢？我们来看看这其中的背景。

● 聚焦幼儿行为

那些还不能理解语言的幼儿如何理解将要发生的事件呢？

在婴幼儿体检中心，我们经常可以看到这样的场面：体检结束时，妈妈要带那些兴趣正浓、上蹦下跳的孩子回家，大部分情况是：妈妈只使用语言；妈妈叫孩子的名字，给他看鞋、衣服、包、帽子等；孩子看到了帽子，赶快跑到妈妈身边。

由此不难看出，婴幼儿是通过和某个行为有联系的物体来理解将要有的行动的。这种沟通方式对发育障碍儿童的训练也是有帮助的。

● 使用孩子感兴趣的东西

训练中使用的物品如果不是孩子感兴趣的东西，或和孩子的日常生活毫无关系，训练就不会有效果。一定要选择那些在游戏和生活中可以成为某个将要发生的行为的信号，且孩子非常感兴趣的东西作为训练用具，这样，孩子就能以这个信号为线索，决定自己应采取的行动。

3 先从家庭开始

● 将语言和物品结合起来

为了使孩子有预测行为的能力，要尽量在日常生活中寻找契机，使具体的物品与当时的场景相适合，这一点恐怕只有在家里才能做到。

在家庭生活中，从早上起来到晚上睡觉，有很多场景可以和某个物品有关。比如睡觉，给他看睡衣可能比只说"睡觉"更容易理解。如果他仍然不知道做什么，可以认为他尚未明白"马上要睡觉"这件事。这时要一边帮他穿睡衣一边告诉他"该睡觉了，晚安"。要抓住类似的场景每天重复练习。

利用家庭环境进行重复训练

4 在幼儿园中培养生活习惯

对发育障碍儿童的教育重点必须放在生活习惯的训练上。这是因为很多孩子的行为是单一动作，没有连续性，很难适应日常生活。比如，他们不会脱鞋——放在鞋架上，老师经常只用语言提示"放到鞋架上"。仅仅这样是不行的，必须要让他学会预测接下来的应有的行动，可以是指一下鞋架，让他洗手时看看手绢等等。同时，一定不要忘记加上语言的交流，只要稍稍调整指导方式，孩子就会越来越好地适应幼儿园生活。

在游戏环境中的干预

5 在幼儿园的游戏指导

和众多孩子在一起时，发育障碍儿童常常不知道该做什么，该怎么处理自己的身体，时常表现得焦躁不安，有时会大叫，在地上乱跳。对这样的孩子，要用这些方式引导：与他沟通，向他出示球等玩具，指给他看滑梯等游戏设施，向他伸出双手等。

如果他能凭借这些信号判定自己要接过球，或走向滑梯，马上夸奖他。但是大部分孩子会表现出与己无关的态度，这时，老师一定要和孩子一起玩球，使他渐渐明白老师给他看球的目的是让他玩球。

6 在幼儿园的教育

越是老教师越习惯用语言上课，但是，不仅是不能理解语言的障碍儿童，就是那些仍残存有自我中心的正常孩子也不容易理解老师的意图。要想让孩子清楚地理解老师的用意，使用具体的物品是非常重要的。

笔者曾经在幼儿园中介绍过以具体的行为或物品作为提示来理解语言的教育方法：①唱歌——站到钢琴前。②用剪刀——出示剪刀。③在座位上坐好——指椅子，或示范坐下。

这种教学方式会使上课变得顺利，那些发育障碍儿童也能理解现在的状况，知道下面该干什么。另外，教育场景的结构化也使老师更容易判断孩子的问题在哪里。

7 变化内容

对将要发生的事件的理解的训练是以促进语言理解力的发育为目标的。因此，在整个训练过程中有时也可以不用具体物，仅仅做出语言指示。仔细观察他在幼儿园的行为，特别是在日常活动中是否顺利，如果存在阻碍，要明白为什么会有阻碍。

在训练项目中，集体舞可以是好几个动作组合在一起，穿珠和积木也应该让每个动作都有变化，以训练预测行为的能力。如穿珠，可以要求按照圆形、三角形、正方形的顺序穿。

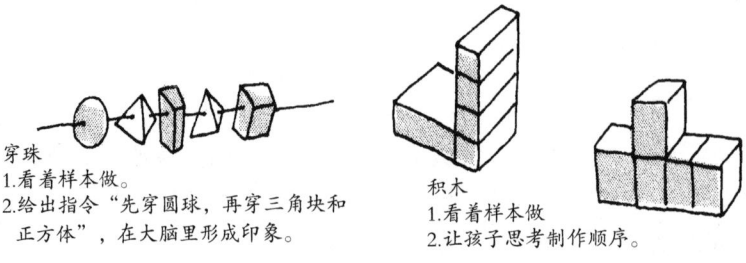

穿珠
1. 看着样本做。
2. 给出指令"先穿圆球,再穿三角块和正方体",在大脑里形成印象。

积木
1. 看着样本做
2. 让孩子思考制作顺序。

训练项目的延伸

❸ 认识两个事物之间的关系

1 促进语言理解

实际上,这和上一节"理解即将发生的事件"是同样的内容,只不过这部分的重点是在孩子心中培养概念性的外延。具体来说就是对此物与彼物是同一物体,此物与彼物是相反的,此物与彼物是同一关系等认知能力的培养。比如,碗和筷子的关系,同样形状的鞋子是一双的对应关系。

大多数发育障碍儿童不善于在物与物之间建立联系,孩子周围的人也很少与他进行这种互动,只会问:"苹果是哪个?"而很少这样发问:"和苹果一样的水果是哪个?"所以,这里介绍的训练尽量将孩子周围的物品和语言结合起来,让他学习理解这种东西的名称、功能等。

2 物体的对应方法

在发育诊断评估表上列举的项目是能理解饭碗和进餐之间的关系,门铃响会去开门等。进行这些项目训练时,应以下面的几点为中心制订计划。

● 具体物和具体物的对应

使用和孩子的生活有关系的具体物品训练对应关系，如蜡笔和蜡笔盒。发出的指令可以是"把蜡笔收好"，然后再要求他按蜡笔盒的颜色一一对应放置，并加上指令"红色"等。通过这种干预方式，孩子可以学会通过语言理解具体物和具体物之间的关系。

● 声音和行为的对应

对孩子来说，既能在视觉上对应具体物，又能将声音与各种事物对应起来，是非常重要的。比如，可以让他学习听见电话的声音，会说"喂"，理解电话铃声是接电话的信号。

要教会孩子以周围的声音为线索，理解身边发生的事情和物体的功能。这是在理解语言之前的必经阶段。孩子一旦开始对某种声音有了反应，周围的人应立即努力把结果告诉他，"是电话的声音"，"快说'喂'"。

要寻找尽可能多的机会来练习，这样的练习越多，孩子的认知能力、语言理解能力上升得越快。

为了让他学会理解周围发生的事，要先教会他在声音和状况之间、声音和物体之间寻找联系。

3 对应游戏的种类

● 寻找物体与物体之间的关系

如果孩子能记住各种物体之间的关系，就可以顺利解决生活中的许多问题。因此，可以围绕日常生活来进行寻找物体与物体之间关系的游戏。

游戏必须是孩子喜欢的，感兴趣的。开始时可以做下面这些游戏：收集同色的花；面对面猜测身体部位；找同样的乐器。

在游戏时要尽量扩展孩子的兴趣点，可以告诉他"这是红色菊花"，然后让他选择"红色菊花在哪里"。如果他不能选择，则要拿那朵花给他看。这种游戏可以选择在散步或自由活动时间进行。

如果要学习一些简单的且具有系统性的物与物的对应关系、语言理解，可以按下列步骤进行：

①具体物与具体物的配对。
②具体物与图片的配对。
③图片与图片的配对。

配对可以从形状、颜色、名称、关系（水果、动物）、动作等几方面入手，做分类、对应的游戏。

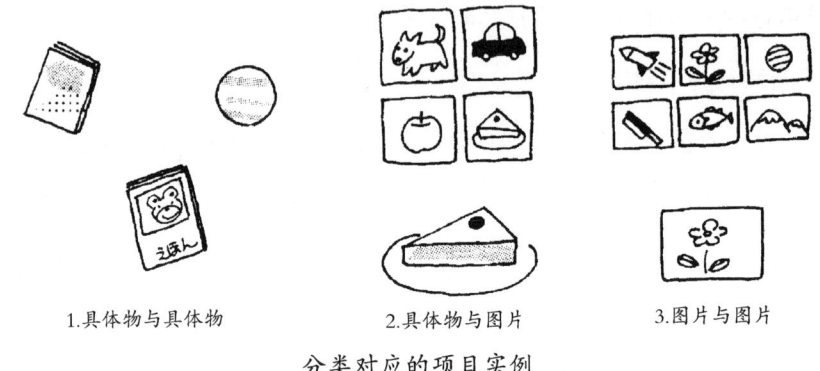

1.具体物与具体物　　2.具体物与图片　　3.图片与图片

分类对应的项目实例

如上图，可以问他"和它一样的是什么？""食物是哪个？"如果他不能回答，要给他一个正确反应的提示"和它一样的是这个"，然后再进行一次。如果仍然不会，要手把手地辅助，并把这项训练归入个别训练项目中。

● 理解物体与状况的关系

如果先前的对应关系的学习进行得较为顺利的话，接下来可以做理解物体与状况之间的训练。

下图是给娃娃穿衣服的游戏，这是要教孩子理解帽子——戴在头上，

理解物体和状况的方法

鞋子——穿在脚上。给他看帽子的图片，问："这个给娃娃放在哪里？"也可以出示帽子之外的图片，问："可以戴在头上的是哪个？"还可以再问他："什么时候戴帽子？"建立衣服与季节、气候的关系的概念。

可以用这样的方法玩各种各样的游戏。随着游戏内容的充实，孩子内在的概念越来越多，对物体会越来越有兴趣。

● 将声音和行为联系起来的游戏

前面所讲的训练内容以视觉经验为主，下面要介绍以听觉经验为主的训练，这也是一个很重要的内容。

根据声音判断行为。这个训练内容可以在幼儿园的教学活动中进行，如跟着钢琴的声音跑或停，还可以结合在集体舞、乐器游戏中进行。应注意：节奏要简单，动作不复杂，训练游戏化。

韵律游戏可以说是一种水平比较高的训练方法。

4 在生活中训练

本小节的训练项目以认知能力的提高、概念的形成以及语言理解的增强等为目标，因此，评估的项目应该看孩子能否理解物与物的对应关系，能否凭借声音或节奏判断自己的行为，尤其是能否仅凭视觉经验判断这个物体的含义及使用方法。另外，还应该注意观察孩子是否会在听到"小狗在哪里"等问题以后，以目光在周围寻找"小狗"。正像皮亚杰说的那样，要考察孩子是否已形成了物体的永续性。

家庭训练中的项目

❹ 提高模仿能力

1 模仿能力的重要性

● 正常孩子的发育和模仿能力

在正常发育过程中，从 12 个月开始到 23 个月，是孩子对物的兴趣、对人的依恋的形成时期。从这时候起，孩子对即将发生的事件的理解（预测能力），对两个物体或事件之间关系的认识（对应关系能力）开始快速发展。模仿行为是在这种预测能力、对应关系能力的基础上逐渐出现的。

引发这种模仿行为的是对人的兴趣，观察这个时期的孩子就会发现他们会模仿大人咳嗽、打喷嚏、擤鼻子，也会模仿一些电视上的体操，并在模仿的同时会发出各种声音。这种模仿对认知、语言的发育有很大的影响，是重要的学习条件之一。因此，对障碍儿童的训练应以模仿项目为中心。

不过，如果因为模仿重要而立即开始进行训练，可能不会有太大成效。先帮助孩子形成良好的人际关系，打好模仿的基础，这是非常重要的。

● 学习模仿能力的方法

选择训练项目时，一定要注意以下几个方面：
①选择包含预测能力、对应关系的项目。
②从那些单纯的、具体的日常生活中经常可以看见的动作模仿开始。

③以孩子的兴趣、发育状况为基础。

如果一个孩子的模仿行为发展得较为顺利，那么他对人的依恋、求助行为、以大人为伙伴的游戏等都会渐渐出现。

2 提高模仿能力的方法

● 模仿内容

在发育诊断评估表中，有一些项目包含了身体模仿、行为模仿、学习要素，如：握手，拍手，点头，举手，模仿电视节目，模仿父母、老师，用积木仿搭宝塔，仿画（线条、形状、脸）。这些项目对孩子来说既容易又可以发展人际关系，也包括对物的认识以及表现活动的发展。

在选定这八个项目的时候，考虑到了以下的因素。

● 身体模仿

孩子是非常喜欢身体接触的人，尤其是那些语言理解不够好、精神尚未分化的发育障碍儿童，他们非常喜欢身体抚触，玩身体游戏，这些可以使他们安静下来。

不过，这些孩子却不能够按自己的意志以身体完成一些动作表现，常常会哭，或惶惶不安。所以，要尽早让他们学会以身体语言作为沟通手段。

开始学习身体模仿时不要太复杂，简单的像"拍拍手"即可，训练时间不必专门设定，可以在日常生活中随时寻找合适的内容练习，比如握手、拍手、举手等。

提高模仿能力的阶段

● 模仿人

孩子能注意别人在做的事，然后积极模仿，这是值得鼓励的。如果他注意到别人在写字，然后拿这个人的笔仿写。这说明他开始关心别人的行为，而且能将别人的想法化为自己的行为。所以，为了扩展这种模仿行为，老师应该在孩子面前游戏，给出一个示范行为。以搭积木为例，可以先在孩子面前将积木放好；将积木搭在孩子面前的积木上；对他说："帮我放一块。"通过这种方式，可以提高孩子对老师的注意程度，最终引发他的模仿行为。

● 包含学习要素的模仿

尊重孩子的自发性，使他形成模仿行为是最重要的一点。但是如果仅仅是单纯的模仿，孩子的模仿模式就太形式化了，有必要教他学习有意义的模仿行为。

可以进行这种训练的孩子一般有以下特征：显示出对工具使用的兴趣（剪刀）；想要涂鸦（画画）；想要组合物体（积木、拼图）。有这些特征的孩子对物的认知能力正在提高。对待这样的孩子可利用自由活动时间，设定一个学习场景进行训练。要尽可能按照小步骤的原理将训练项目细分成许多小项目。

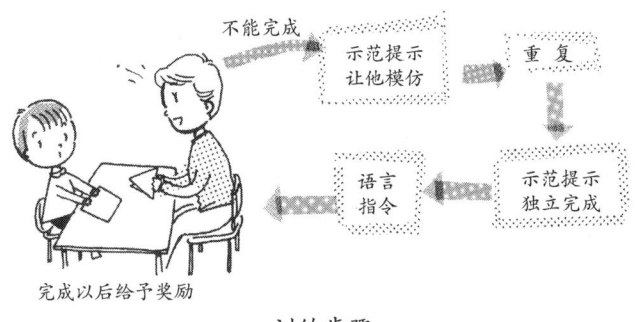

训练步骤

3 各种模仿游戏

● 握手

训练孩子的时候，在没有具体性、必然性的状况下，即使教再多的东西，对孩子来说都是没有现实意义的，训练结果也会因此而不稳定。

握手也是同样的。握手通常包含以下意思：寒暄的方式之一，对自己认同的行为予以确认，对课题的正确反应予以赞赏。多利用各种机会练习，孩子很快就能有握手的表示。在与孩子握手的同时，要记得有语言交流，如点点头，笑着说"做得真棒"，"很好"，"早上好"等等。

在个别训练以外，还可以加进一些握手的游戏。

● 拍手

当孩子完成了某个项目时，要自然地拍拍手，赞赏他的行为。当他很满意自己的行为时，也让他拍拍手。总之，拍手的练习不是刻意进行的，而是要融入自然的交往过程中。

与拍手模仿平行进行的可以是手指游戏和乐器游戏。如果刚开始孩子的准确性很差的话，可以先用乐器增加游戏的趣味性。

在这个阶段，可以让孩子学习模仿身体姿势，正确地用手合拍子。孩子不能完成时，要手把手地辅助。这样的结合可以使孩子对各种声音、语言产生兴趣。

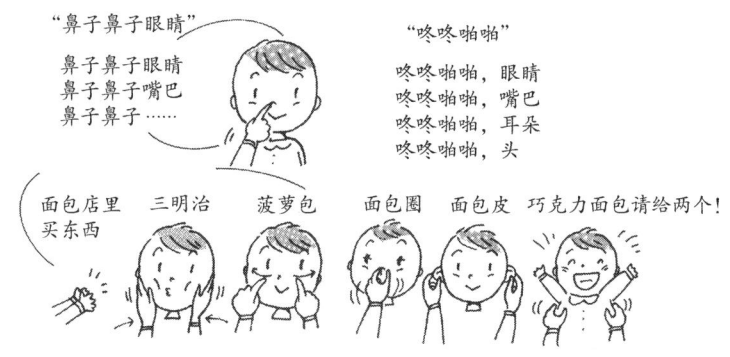

手指游戏举例

● 点头

点头是最简单的动作之一。这个动作在日常生活中和人的接触场景中时常出现，尤其是问候或打招呼时经常用到。如果孩子不能理解动作或语言的含义，不断地向他示范同一个动作是非常重要的。对那些还不会模仿的孩子，仅仅示范还不够，要站在他身后，手扶着他的肩膀，一边说"你好"一边向下压他的肩膀。

这项训练的要点是老师要愉快、正确地在实际场景中做给他看，即使孩子只有一点反应，也要立刻表扬他。

如果孩子已学会了点头，除了"你好"之外，还可以根据不同场景变化语言的使用方法，如说"早上好"、"下午好"时点头。

● 举手

对那些叫他名字不能回应的孩子，要教他举手，给他一种做出反应的方法。这既让孩子体验自身存在感，同时也让孩子产生训练的意识。这种训练应注意以下几点：

①在一个狭小的房间里，使孩子能够对老师的声音做出反应。

②老师的脸在孩子的视线范围之内，有了正确的反应以后，再渐渐拉开距离。

③在班级或其他教室里练习。如在教室里，走到孩子面前，叫他名字，要求他举手回答"到"。

遵从这个顺序，加以正确的示范。如果孩子仍然不能完成，要手把手地辅助。另外，不仅要直接与孩子做，也要让他观察其他孩子的做法。

在具体生活场景中

● 电视模仿

有些孩子虽然对人不关心，却对电视很着迷，能够模仿电视里的节目（如高尔夫比赛、棒球）。这说明他能够接受电视的刺激，并且在头脑里保有清晰的影像。

电视画面色彩鲜艳，经常伴有音乐，可以扩展孩子的兴趣，也可以用于上课，但是不能无计划地让孩子看，应从以下方面选择：时间短，有身体运动内容；有节奏；通过简单动作可获得愉快体验；可在一定时间内连续看到。看过电视后应立即就看到的内容开展模仿活动。

使用电视的模仿项目应考虑孩子是否把注意力集中在电视上，有发育障碍儿童的班级可以分成小组进行。

● 模仿老师、父母

孩子自身具备了预测行为、对应关系的能力后，会在父母、老师、幼儿园其他小朋友周围玩耍。比如，他很想使用剪刀，开始他也许只是不出声地看，但很快他就模仿别人的动作，做同样的事情。这说明他开始关心周围的事物，并且在自己的头脑里形成了很多印象。

应该让这个发育阶段的孩子和其他孩子一起玩各种装扮游戏，如扮汽车、扮电车、扮购物等，使他获得大量经验。另外，如下图所示还可结合一些大运动模仿、精细运动模仿。

大运动模仿和精细动作模仿的项目

● 用积木仿搭宝塔

幼儿园都有木制的或塑料制的积木，很多正常孩子入园时喜欢到积木角去搭积木玩。孩子搭的东西在大人看来可能毫无意义，但问过孩子之后，你可能才知道那是个屋顶。

发育障碍儿童中很少有人能像正常孩子那样玩的，他们只是在排列或往上堆。这也是一个训练机会，老师可以一边说"真高啊"，一边在他身边玩积木游戏。可以用积木搭个隧道或台阶，"看，有个隧道，钻一下吧"。如果这时附近有正常孩子，可以把他叫过来，以吸引障碍儿童的注意。还可以组织正常孩子一起搭一样东西。

● 仿画（线条、图形、脸）

孩子都非常喜欢画画，只要有笔和纸就会一边咿咿呀呀地说，一边画各种线条。所以，让孩子学会使用蜡笔或水彩笔自由地描画是很重要的。

对那些没兴趣的孩子，可以一边唱歌，一边在他面前画些东西给他看，"看，这是苹果啊"。接下来，可以和孩子一起边说边画线条。有些孩子只喜欢画那些已经画得很熟练的东西，不愿意和别人一起画。对这种类型的孩子，可以在他面前把他画的东西马上再仿画一遍。几次之后，孩子会在自己画完之后开始注意看老师在画的东西。

当孩子有了一点画的兴趣之后，可以让他画一些简单的图，在点或线上做上标记，这样可以引起孩子的兴趣和注意。

画画时，如果和老师是面对面地坐，会引起镜像反应，而且画的方向和老师不一样，容易造成孩子视觉上的混乱，所以老师应该和孩子并排坐。

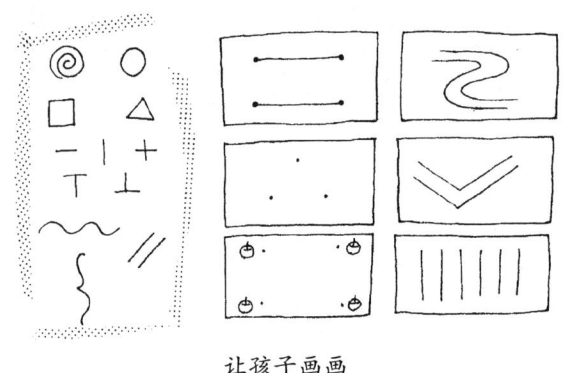

让孩子画画

4 模仿能力的水平

● 正确的评估

模仿训练的目标是通过使用身体模仿、人的模仿、包含学习要素的模仿等，形成语言及认知的学习条件的雏形。因此，这里的评估要点应该是这个孩子的模仿能力达到了什么水平。例如：使用身体模仿的水平；人际交往中的模仿水平；物体（如积木、铅笔）操作的模仿水平。

进行详细的评估之后，我们可以知道这个孩子的认知能力、人际关系的发育、语言的发育情况。如果这个孩子还停留在使用身体模仿的阶段,那么大量进行对人的注视、人际交往等项目的训练就显得十分必要。

● 向动作及语言方面扩展

作为拓展项目,可以把动作表现、语言模仿结合进来。这里介绍的内容大部分是自由活动或个别训练的项目,所以,在做训练计划时必须考虑到怎样将在个训中培养起来的能力转移到幼儿园的日常教学中。

例如,搭积木是幼儿园常有的活动,可以按照下面的顺序进行:
①把要搭的东西画在一张大纸上。
②六人一个小组。
③以猜拳的方式决定搭积木的顺序。
④两人一起运积木,然后再搭。

尽量将过程游戏化,并且注意内容要简单,时间要短,要共同作业等。

集体积木游戏实例

❺ 用形状、图画、文字表达

1 奠定语言的基础

这些通过人际交往学会的模仿活动在生活中出现,孩子能以几乎完全接近的模式重现,用这种方式训练孩子可以学会很多技能、技术。

在孩子的游戏活动中也可以看见变化,以前总是把什么东西都当作汽车来玩,现在会把它当成相像的东西玩。这些表明他对人和物的影像越来越丰富。

这些孩子能够将不断丰富的对人和物的影像与对物的认知、语言及社会性的发育结合起来。因此，这个阶段的训练目标应是通过积木、橡皮泥、纸、笔等将头脑中各种各样的物体或状况的影像表现出来。

2 具体活动

这部分的训练项目正如训练目标中所讲，是用积木、纸等工具将人和物的影像具体表现出来。内容可以是：用积木搭汽车；拼图；将橡皮泥搓成圆形、拉长；用橡皮泥做有意义的物体；画脸；画脸之外的各种画；使用剪刀；折纸游戏；写字。

这些项目的选择要注意以下事项。

● 影像

孩子通过与人的交往获得了简单的对人和物的印象，但他们并没有在意这是什么东西，有什么用处。所以，尽管看过多次，接触过多次，他们也还是会指着问"这是什么？"孩子的这些行为表明他需要提升印象。要回答他的问题，告诉他"这个东西叫桥"，使有影像的东西被记忆储存起来。制作或画出一件东西对提升印象都是有帮助的，同时也能提高记忆能力和记忆的再生、再认识能力。

● 提高时间排列的记忆能力

孩子只对自己感兴趣的事情或经历过的事情有记忆。不过，这些记忆在头脑中是凌乱的，这样，他很难将自己的能力发挥出来。问题的解决方法就是让孩子长时间地保有同一物体的影像。具体地说，就是能够自己亲手将一个具体物画出来、做出来。这不仅仅是在制作一件东西，更重要的是培养按时间先后顺序进行的能力。例如折纸，就是要遵循顺序一步一步进行，这样，孩子才能从时间先后的变化上认识事物与事物之间的关系。只有经过这个阶段，孩子才有可能将不同的经验联系起来。

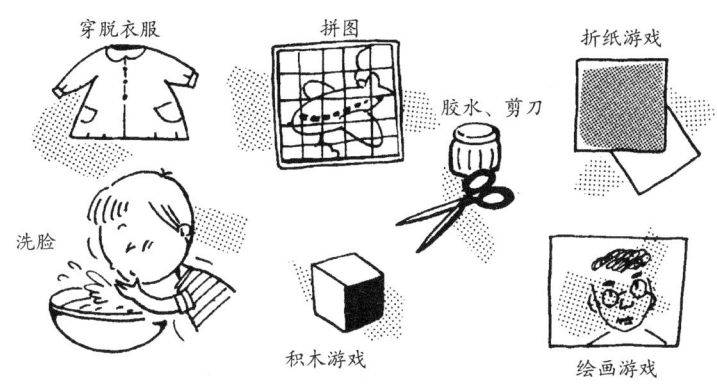

应该训练的各种技能

● 重视技能练习

制作、描画一个具体物对手指的功能及使用剪刀等工具的功能都有一定的要求。当孩子想亲手将各种事物进行创造性的制作时，如果他对这些技能不熟练的话，很难将活动顺利地进行下去。因此，在这一领域，一定要重视技能练习。

3 关于各种表现活动

● 用积木搭电车、隧道

孩子总是很喜欢创造性游戏，因此，不必拘泥于积木，可以充分利用瓦楞纸板、泡沫板、砂堆等工具。这些使用工具的游戏对孩子来说是一项有活力的活动，如下图顺序所示，最好让他们在集体活动中玩汽车游戏。

①用瓦楞纸板或泡沫板做汽车。
②大家一起用积木搭一个隧道或一座桥。
③推着"汽车"钻隧道。

发育障碍儿童通常不能独立制作汽车，老师应该协助他，和他一起完成。这种游戏也可以在午休等时间里玩，用小积木搭一些台阶、房子、隧道等，也可以用微型汽车来代替。

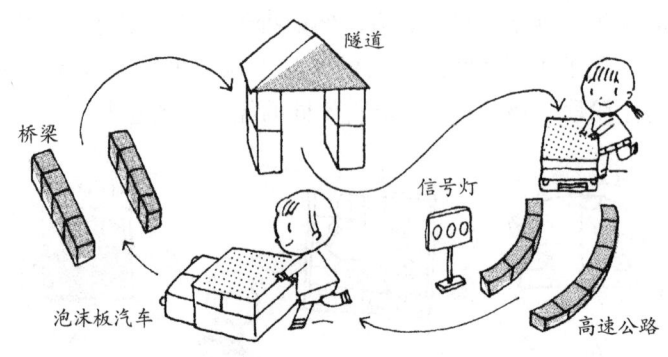

用积木玩游戏的例子

● 拼图

拼图是一个非常好的训练项目，它可以帮助孩子在一定时间内保有一个影像。但是，不能把它作为一项机械的作业，因为训练目标是培养孩子形成影像的能力，所以一定要对内容有所了解。

①几何图形的拼图。
②完形拼图。
③具体物拼块。
④显示一种状况的拼图。
⑤因果关系的顺序图。

按照①到⑤的顺序进行，孩子可以很容易学习。最初的图片不必太多，一两片即可，最多五片，熟练以后再渐渐增多。练习时，为了增强孩子的影像概念，要问他："这是什么？"可以的话，要让他说，"这是圆"。这项训练基本上是个别进行的，在幼儿园正常教学中很难实行，但可以作为体力循环游戏或障碍比赛的一部分。

● 橡皮泥游戏

橡皮泥游戏可在幼儿园里进行。不过，对发育障碍儿童来说，刚开始用橡皮泥做有意义的东西有些困难，应先引导他体会玩橡皮泥的乐趣。和正常孩子一起玩时，要先让他知道其他孩子在做什么东西。当他开始有一点注意他们时，可按下列顺序进行训练：

①用手指碰触橡皮泥。
②用手把橡皮泥揪下来。

③把橡皮泥搓圆，揉长，弄坏。
④把橡皮泥搓圆，做成一个团子。

在训练过程中一定要手把手地教，花时间训练他的模仿，并且一定不能忘记要十分响亮、清楚地告诉他"这是团子"。

当孩子没兴趣的时候，可以带他去看其他孩子在做什么，对他说，"看，天天在做一朵花"。

当孩子学会玩橡皮泥的技能之后，就可以开始学做有意义的东西了，这时，要注意以下几点：

①从平面开始。
②从孩子感兴趣的东西开始——脸、食物、汽车、日用品、符号、文字等。
③少给一点橡皮泥。

能做平面物体后，再做立体物体，最好从球形开始做，然后发展到圆柱体、方体。可以把球形当作鸡蛋，把长方体当作车，这个步骤是非常重要的。还可以做和孩子生活密切相关的东西，如盘子、煎鸡蛋。还有一个很重要的环节就是对孩子制作的东西赋予一个含义："这是一条鱼吧！"通过这种方式扩展他脑海中的影像。同时说，"老师也想做一个"，并立刻再做一遍。

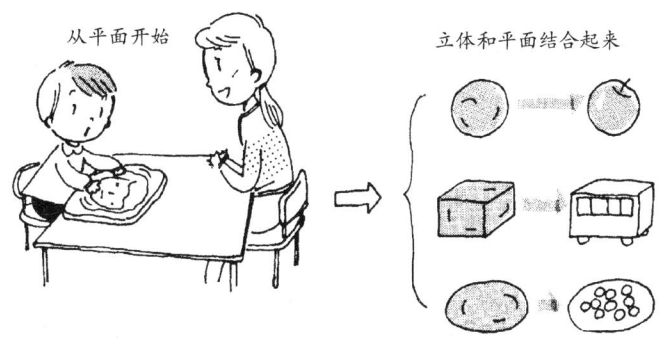

橡皮泥游戏的方法

● 画画

画画是孩子最喜欢的活动，这项训练可以在幼儿园教学中进行。不过，不要最初就让孩子用蜡笔画，最好可以从人面制作开始，或者是描画。

不论画什么，都要一边做一边说，"眼睛放在哪里呢？""嘴巴在哪里？"

为了加深对人脸的印象,还可以让孩子按以下步骤描关于脸的图画。

①留下眼、鼻、口等某一个五官不画。

②让他画缺失的部分。

③留下多个五官,让他补缺。

这个方法可以让孩子学会画脸,也可以用于学习画其他的东西。如果孩子不能顺利地画下来,要一边用手指给他看,一边手把手地教他。不过,不能在不断重复的练习中总是画同样的画,可以稍微变化一下内容,如边画边说"这是老师的脸","这是妈妈的脸"。要围绕着要点让他尽情发挥,不能太拘泥于形式,而忘了教会他体验画画的快乐。否则,他还是学不会画画。

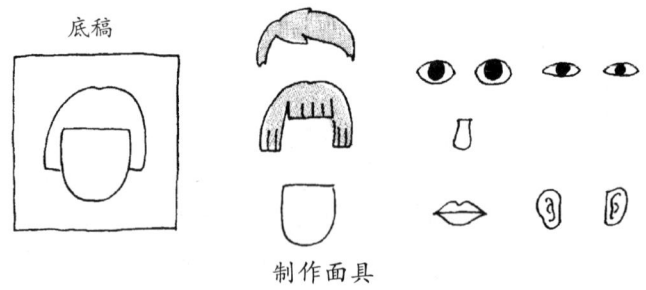

指着孩子的画问他:"这是什么?"如果他能回答"爸爸",这说明他能将头脑中的印象和语言结合起来。这种情形意味着可以利用绘画对他进行语言训练,但此时的语言干预要注意说:"喜欢什么水果?""画个大苹果吧。"如果孩子对你的语言干预表现出的是迷惑、不知所措,则要一边说一边画给他看。

● 使用剪刀

幼儿园里会经常用到剪刀,尤其在进行一些高层次的表现活动的操作时,剪刀的使用最频繁。发育障碍儿童使用剪刀的能力很差,这里介绍一个适用于他们的使用剪刀的方法,该方法在自由活动的剪纸游戏时间运用最合适。

①让他摸摸剪刀。

②教他正确拿剪刀,然后准备一张一刀可以剪断的纸,手把手地教他。

③撤去辅助,剪一刀可以剪断的纸。

④剪比一刀可以剪断的纸长两倍的纸。
⑤沿着线剪，剪方形、圆形。

按照这几个步骤来训练是非常有效的。最初可以剪一些角度与曲线比较松散的、大的东西，渐渐过渡到小东西。在剪的时候，老师要不断有提示"慢，慢"，或配合"喀嚓，喀嚓"的声音。

● 折纸游戏

折纸是一项要求顺序记忆能力和手指灵巧度的项目。进行这项训练的重点是让孩子能够按照折的步骤，根据时间顺序来理解折纸的规则。折纸的训练顺序如下：

①准备一张大纸。
②在纸的中间画出对折线。
③示范对折，然后让他折。
④给他看事先折好的东西，用没画线的纸让他折，告诉他要两端对齐。
⑤折简单的东西，明确示范每个步骤，让他折。同样的东西要折五次以上。
⑥看着⑤的作品折。
⑦用胶水把作品贴在纸上。
⑧使用明确的语言指令。

对发育障碍儿童来说，折纸是非常困难的项目，最好手把手地教，并且夸奖他的作品。可以在折纸的同时使用蜡笔、水彩笔。还要记住一次不能教他折太多的东西。

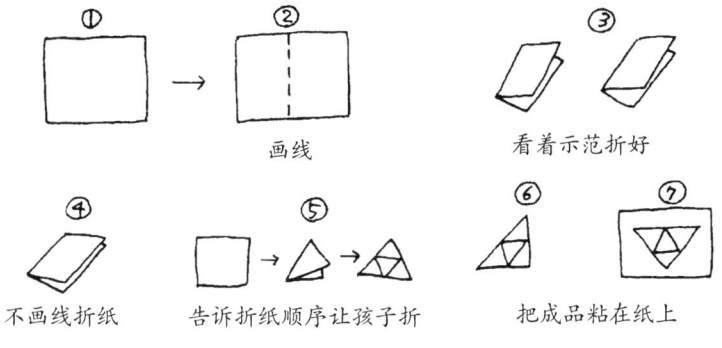

折纸训练的步骤

4 重要的直接经验

孩子头脑中的影像已经丰富到什么程度？这些影像和语言结合得怎么样？我认为这些都是必须要评估的。另外，还应该确定孩子使用剪刀、蜡笔等学习工具的熟练程度。

如果孩子头脑中的影像尚未完全形成，那么就有必要着重对这个领域内的项目进行训练。

至于影像的扩大，不仅仅是制作东西，还应该给他看一些绘本，散步时让他抚摸一些实物。给孩子一些这样的直接经验是非常重要的。孩子是从看、抚摸、听的过程中扩充影像的，要依靠家庭的配合推进这项训练。

不要忘记在丰富影像的同时也要丰富孩子的语言，对他们制作的东西要做出正确的描述："积木做的家，好漂亮啊！""这是爸爸的脸吧。"这样可以培养孩子的思考力，引起他的行为变化。

当绘画或制作的物品逐渐有了难度之后，孩子会一边做一边自言自语，"这是爸爸的脸呢！""啊，怎么办呢？"可以说这是影像正在丰富的证据。

作为发育阶段的训练，这时有必要在进行装扮游戏、比赛游戏的同时，提高孩子更高层次活动的表现水平。

让孩子扩展到装扮游戏或者竞赛游戏

相关用语链接

◆ 婴幼儿发育检查

进行婴幼儿的发育检查时,如果像智商检查那样,问、听、让孩子操作,可能会比较困难。最好是以观察为中心的检查,比如,津守·稻毛式婴幼儿发育检查表,有0~1岁用、1~3岁用、3~7岁用,包含运动、探索、操作、社会、进餐、排泄、生活习惯、语言理解等发育领域。从这份发育检查表的缩影中可以寻找到孩子的训练方法。

◆ 塞甘板（Seguin 板）

这是一种用于发育障碍儿童训练的感觉训练教具,由塞甘（Seguin,E.O）设计。塞甘是感觉教育的提倡者和实践者。塞甘板是从现在的拼图板、形状板等发展而来的,嵌有几何形木块的玩具型教具被广泛用于发育障碍儿童教育,对障碍儿童注视物体、辨别力的培养都十分有效。

◆ 社会生活能力（检查）

这是孩子进行社会生活必需的能力,即生活自理、语言、作业能力、移动能力、集体适应、自我指导能力等。测评这项能力可用市售检查表（如:田研式社会成熟度诊断检查）,和智力商数一样,社会成熟度指数用以下算式计算:

S.Q.（社会成熟度指数）= S.A.（社会成熟度年龄）/ C.A.（生活年龄）×100

◆ 图片/积木测试

这是一种图片/积木智能检查（Picture Block Intelligence Test）。有图片检查（把一幅完整的画分成若干片,让孩子重新拼好）和积木块测试（把立方体的积木块组合成和模型一样的形状）两种。这对精神障碍儿童、聋儿、重听儿、脑瘫儿等无语言的孩子是很有效的一项检查,使用积木块、图画等让孩子觉得很亲近的工具可以使检查变得简单容易。适用范围为4~7岁,精神发育障碍儿童可到11岁。

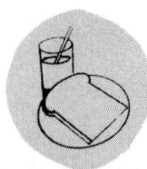

第 5 章

语言理解及沟通

训练内容：
1. 指示沟通
2. 模仿发音、说话
3. 动作表现
4. 提高语言理解能力
5. 理解故事的脉络

领域	项 目	临床观察项目
Ⅳ 语言	（11）语言理解	52　1. 身体名称 53　2. 食物 54　3. 动物 55　4. 交通工具 56　5. 动词（坐、站、跳） 57　6. 方位词（前后、左右、上中下）
	（12）声音模仿	58　1. 元音 59　2. 辅音 60　3. 口唇音 61　4. 其他声音的模仿 62　5. 爸爸 63　6. 妈妈 64　7. Bye－Bye 65　8. 汪汪
	（13）指认	66　1. 表达要求 67　2. 指认感兴趣的东西 68　3. 身体名称 69　4. 颜色 70　5. 插图 71　6. 绘图卡片
	（14）动作表现	72　1. 再见 73　2. 请给我 74　3. 欢呼 75　4. 你好 76　5. 敲门 77　6. 开门 78　7. 去隔壁房间把球拿来 79　8. 请把报纸拿来
	（15）理解故事脉络	80　1. 想听简单的故事 81　2. 询问插图 82　3. 喜欢听重复的故事

❶ 指示沟通

1 语言的指示

● 指示与语言

正常发育的孩子在 11 个月左右开始指示，一般用手指示意那些想要的东西或感兴趣的东西。

通常指示被认为是孩子确认物体与语言之间的对应关系的一种行为。用语言发展理论来说，这是最初的象征行为，是一种沟通手段。这种指示被认为是通过模仿学会的行为，特别是通过模仿对方的注意力，模仿朝向另一个物体的行为而学习的东西。所以，如果孩子不能明白自己和他人的区别，物与物之间关系的不同，是不会出现指示这一行为的。假如孩子对人、对物都不关心，那么，一定要着重做以下几方面的训练：

①了解自己和他人的不同。
②了解物与物的不同。
③关心身边发生的事。

● 学会指示的目的

对自身与他人的区别可通过第四章中和人的交往部分学习提高，区分物与物的不同是通过触摸、看、听等感觉与知觉的学习而得到的。

但是，这些能力的基础是对人与物的直接兴趣，它的表现就是指示。如果孩子不能积极地使用指示，那么他对人、对物的认识就不会扩大。因此，在这项训练领域中的目标是以指示为连接点，让孩子学会关心人和物，提高语言的理解力。同时，指示作为一种沟通手段也在孩子的内心发展起来。

2 学习指示的方法

在发育诊断评估表中，为了让孩子学习发展和指示行为，准备了包含有以下内容的指示练习：表达要求；身体名称；颜色等具体物；插图；图片。

从发育的角度来看这些指示行为，当然最初应该是表达要求，然后是身体名称、具体物（电车、公车）、插图等。这个顺序是从空间范围的指示开始的，这是正常的发育模式。正常孩子在指示行为出现之前，是通过对人、对物的看和抚触获得足够的影像，而障碍儿童这方面则发育得很差。所以，在依照发育顺序进行的训练中要十分注意以下几个方面。

● 老师要率先指示

发育障碍儿童不擅长注视人和物，或自己开发、拓展兴趣，这样很难出现指示行为。

这时候，老师有意图的指导就显得十分必要。例如：要他坐下，不能只叫他"坐在椅子上"，而应按下列顺序进行：①站在椅子前；②看着孩子的脸，指着椅子，说"请坐"；③在任何场合都重复同样的方法；

最初，孩子会犹豫不决，同样的方法重复几遍之后，他可能就会表现出你希望的行为。仔细分析这种变化，会发现孩子是看着老师指示的信号行动的。当他理解了这个信号的含义时，他的行动就会变得非常敏捷。

老师首先要用手指来指认

通常，不会以手指示的孩子大部分没有语言，所以要一边指，一边对他说话，如"小明，在这里"，"看，有一个球"。重复进行这些干预，孩子会慢慢学会指示。老师首先做一些指示行为是训练的基本要点。一定要在生活中寻找恰当时机，以手指示。

● 从具体到抽象

有时你会发现，无论怎样使用绘画卡片来训练，孩子也很难获得语言。原因就是孩子的经验严重不足，兴趣不广，对物的认识不够。在这种情况下给他看抽象度很高的绘画卡片，会让他非常糊涂。所以，不能无视这种经验的不足，应当尽可能让他体验、学习具体场景中的具体事物。

获得经验的方法有抚触、看、听、操作等，直接提示某一物品也是非常有效的方法。正常孩子会通过母亲的大量指示来认识事物。有了这种具体的影像之后，才能开始图片的训练。

从具体的经验开始

3 表达要求

● 获得要求行为

很多发育障碍儿童在产生强烈愿望之后可以自己想办法实现，而那些完全不表达要求的孩子的愿望往往已被大人预见，并得到充分的照顾。

要求行为是自我主张的一种。要让孩子学会即使再小的事情都要表达自己的要求，这也应该是保育的一个目标。在训练不能做出要求行为的孩子时一定要非常仔细。这里以荡秋千为例说明基本顺序。

①诱导要求行为——指着秋千说"荡秋千吧"。

②对提出要求的项目给予意识——一起去荡秋千。

③确认是否有此要求——去有秋千的地方。没有要求的话，要重复步骤①。

在游戏、进食、工作等各种生活场景中也可以进行这些训练项目。

对孩子的指认要立刻做出反应

● 不断重复

只做一两次，孩子是不会理解要求行为的，因此，要用同样的方法重复许多次才行。只要有一次，孩子用指示使自己的要求得到了满足，那么接下来的发展就会比较顺利。但是，如果训练内容与孩子的兴趣无关，则很难发生要求的行为。老师一定要下工夫观察孩子在日常生活中对什么感兴趣，当孩子的需要和老师的训练内容一致的时候，才能顺利地出现指示这一要求行为。一旦孩子出现了指示，要立刻做出反应，让孩子理解指示动作的有效性，这是十分重要的。

4 指认感兴趣的东西

● 从兴趣出发加以干预

正常发育的孩子感兴趣的东西大部分是交通工具、食物、动物、电动玩具等，发育障碍儿童通常只对交通工具感兴趣，也有只对特定的符号（如企业的商标）、地图、天气图、汉字、文字等感兴趣的。

要尽量扩大孩子的生活范围，使他对各种各样的东西都有兴趣。所以，只在教室、幼儿园等专门场所中训练是没有意义的，要去找那些能让孩子心动的、目不暇接的生活场景，如有很多游乐设施的游乐场，郊外，摆满了实物的超市、商场，街头的海报、广告牌。在这些地方可以发现和开发孩子感兴趣的东西，唤起他的注意。如可以指着物体夸张地对他说"看，日产公司！"不要忘了这种干预要尽量重复。这样的训练会使孩子也一边发声一边指认。

利用感兴趣的东西

● 利用感觉

对那些无论怎样干预都没有兴趣的孩子，要让他们直接用手触摸实物，以此来提高对物的兴趣。孩子对用自己的手和眼睛确认过的东西形成了影像，再次看到就会用手指出来，或发出声音。通过这些指导，可以使孩子对各种事物产生兴趣，表现出关心。

5 身体名称

● 个别指导与集体指导

这个项目在其他章节中已介绍过，大部分归在个别训练项目中。不过，仔细探讨其内容就可发现身体名称这个项目不仅可以进行个别训练，也可以体现在幼儿园的教学中。例如，和着旋律指出身体的各个部分。

①面对面坐好。
②大家一起唱歌"捏拢，放开"。
③"这是眼睛，这是鼻子"，唱到这里，可以一边指一边唱。
像这样作为一种音乐游戏来做练习，会让孩子产生快乐的体验，很自

然地学会身体名称的指示。类似这样的音乐游戏有很多,可在幼儿园中大量练习。

音乐游戏

6 颜色

● 训练方法

指示颜色的训练过程就是指示形状、学习具体物品名称的应用。现在介绍一下训练方法。

①提高对颜色的认识是为了能让孩子理解颜色,应该多给他各种关于颜色的经验,让他去触摸颜色,涂色,玩色纸游戏。

②使用色板,玩颜色分类游戏和构成游戏。分类游戏是要准备几组同色两枚一组的色板,让他同色配对。把蓝、红两枚色板放在孩子面前,老师把孩子想要的色板给他,让他指着选。不能完成时,老师要指着正确的给他看,"是这个,对吗?"然后立刻让孩子模仿。这个游戏能完成以后,再渐渐地增加颜色的种类和色板的数量。

③如果能够用指示的方式来完成色板配对,则说明他已经理解了色板上的颜色。可以提问:"红色是哪个?"要求他指出来。

除了这种形式的学习之外,还可以在日常生活中多练习,"这是红衣服","黄色的球在哪里?"

● 幼儿园课程的训练

除了个别训练之外,还可在幼儿园课程中增加指示颜色的内容。这里介绍一个幼儿园游戏"什么颜色?"

准备物品：

红、蓝、黄、白、绿旗，各 10 面。

游戏方法：

①每八人分成一组，以"包、剪、锤"的形式决定顺序，并依次跑到小旗下。

②老师举红旗。

③孩子选出红旗跑到终点。

发展延伸：

①增加小旗数。

②孩子先按要求选小旗，然后老师出示颜色。

7 书本插图

这项训练可在自由活动或午休时进行，老师把孩子抱在膝盖上，肩靠肩地讲解。只要每天进行就会看到孩子的进步。

在实际操作中，先从一张只画一个东西的插图渐渐过渡到内容丰富的插图。语言也要尽量有节奏，和缓，一边指一边说"看，小狗"，"啊，是消防车"。有时也可以问他"狗在哪里？"看他是否能做出反应并指出来。如果没有反应，就替他回答"看，狗在这里"，再重复训练。语言的内容不能只是一个简单的名称"啊，小狗"，还可以说，"啊，一条白色的狗"，"这是狗妈妈"。还可以解释书中物与人的状况。

8 图片

● 使用各种图片

这种图片的利用和绘本的选择是一样的，既可以是孩子感兴趣的内容，也可以是绘画、照片、儿童画。图片的训练常常在特定的场所进行，对那些对物的认识十分不足的孩子很有效。不过，因为对孩子来说

图片游戏

没有具体性，所以有时很难学好。

● 使用图片的游戏

找漏画的地方，或用图片玩购物游戏，在这样快乐的游戏当中学习指示。如可以利用正常儿童的绘画来假扮各种商店。

9 作为信号的指示

指示的训练是为了让孩子能使用指示，能将语言和物体对应起来。所以，评估时要看他能否顺着指示的方向看，能否对老师发出的信号用指示做出反应，能否用指示提出要求。同时，也有必要注意他的语言理解力。

至于延伸项目可以用插图表演故事，或用幻灯片来替代绘画卡片，以扩展孩子的兴趣。颜色的学习也可以扩展到大小、形状的区别。

在训练生活习惯时也应采取指示的方法。因为指示可以明确行动的目标，是让孩子知道现在必须要做什么的一个信号。

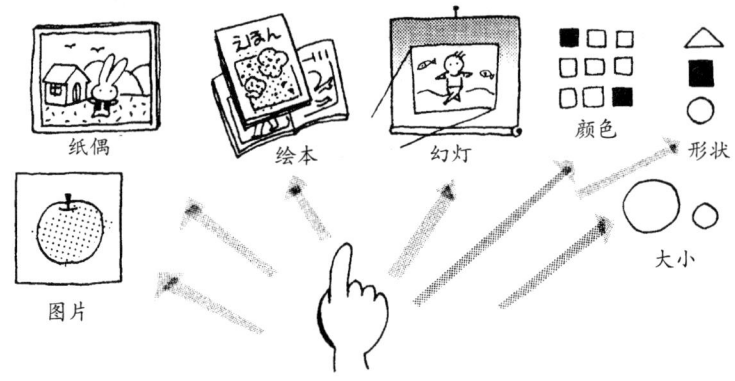

大量出现的指示说明孩子语言能力在增加

❷ 模仿发音、说话

1 模仿发音

正常发育中的孩子会用语言表达自己的愿望、要求。语言的内容各种各样,从"啊啊"这样未成熟的发音向"爸爸、不、狗"这样的单音阶段发展,最后发展到会说句子,如"爸爸回来了","妈妈正在做饭"等。

但是,那些语言发育迟缓的孩子,有的连"啊啊"、"爸爸"这样的单音也不会,还有的发音不全,"电话"只能发出"话"的音。为什么会有这样的发育状态呢?原因大致有:①发音器官的运动能力较弱;②声音的分辨能力较差(听觉的反馈系统未发育);③记忆力的问题;④模仿能力的拙劣。

特别是那些发育障碍儿童,还可能是因为不关心声音,听的能力尚未培养起来。由于这种对声音的关心和听的能力是发音模仿的基础,所以,这里的训练应注意:①学会关心声音。②培养听的能力。③模仿简单发音。④训练发声器官。

这些项目应尽量在游戏中进行,让孩子认识作为口语基础的音节。另外,以上四个目标要放在一起训练,注意:一定不能只模仿发音,或练习发声器官,这样做就太片面了。

2 训练声音模仿的原则

在发育诊断评估表中给出了一些项目,结合了元音、口唇音等单音和"爸爸、妈妈、汪汪"等单词。训练原则大致如下。

● 以构音发育为基础

构音是指孩子为了发音而建立的音节。这项发育有一定的原则。因为最先获得的是一些口唇音,如"ba、pa、ma、hu、wa"等,所以应以此为训练的重点。首要的训练原则是从容易的发音向较难的发音过渡。

- 从一个音节向两个音节、三个音节过渡

仔细观察孩子的发声方法,如果他可以发出"a—a""ku—ku"这样的连续音,就说明他的发声器官已经成熟,即唇、舌、颌可以自由运用,能够发出明确的声音。这不只是发声器官的运动过程,也是别人的声音和自己的声音比较的过程,二者有着密切的联系。

基于这种复杂的学习和器官的成熟,当孩子学会"a、wa"这些单音后,会自然重叠它们,所以,刚开始不但要教他会发重叠单音,而且要为他准备好许多声音,让他随时可以和自己发出的音节做比较。具备了这个基础能力才有可能做两个音节、三个音节的声音模仿。

- 重叠音的组合

在声音模仿这一项目中,可以自由地组合一些重叠音,作为一种沟通手段来使用。音节的组合方法可以是重复同样的音节,如"爸爸""妈妈""Bye-Bye"等。这些发音可以在生活中使用,有助于提高对声音的认识。

包含重叠音的语言

3 认识声音的游戏

- 关心声音,培养听的能力

即便会模仿元音、口唇音,如果孩子没有对音节的认识,无论用多高的技术都不能使他学会模仿声音。所以,发音模仿的第一步指导是让他注意各种声音,关心各种声音。

捕捉机会大量地用指认和孩子说话

● 在日常生活中

语言治疗教科书中写着使孩子说话的方法之一是"让孩子沐浴在语言之中",这是因为孩子尚不能充分地聆听和理解语言,尽量多地和他说话可以引导出语言。这种方法可以使一些孩子发展出语言,值得一试。不过,并不是说可以对着孩子乱说一气,而要遵循一定的方法。在具体的场景中,注意语言和动作相结合,并以孩子的兴趣为重点。

教他认识声音时要注意短句子,发音要清楚,有节奏感。增井美代子认为,母亲对婴儿大量说话会对他的语言发展有很大的影响。因此,不要认为孩子不会说话,不能理解语言,而是要尽量多地和他说话。同时,注意多重复含有元音的简单字节,使孩子能够有尽可能多的机会认识元音,为以后的模仿打下基础。

选择音乐游戏曲目的注意点

● 在幼儿园教育中

德曼曾经这样简单说明对障碍儿童的指导原则：克服障碍的条件是"不断重复简单的、每天要做的事情"，所谓持续产生力量。采用同样的题材作为训练项目是值得的，这里是以关心声音、培养听的能力为重点，选择一些训练项目。

音乐能够唤起正常孩子或发育障碍儿童的兴趣。音乐可以是歌，也可以是韵律游戏或乐器游戏。每天都能做的简单的事应该是唱歌。歌的内容是重点，但要注意旋律简单，歌词重复，歌词短，便于动作。

渐渐地可以将旋律、歌词变得复杂。发育障碍儿童的兴趣持续时间和注意力的集中时间都很短，所以最好先把简单的项目学扎实，再从容易的项目向较难的项目过渡。

训练歌曲如："头发、肩膀、膝盖、脚"，"我有一双小小手"，"小白兔"，"拔萝卜"。其他很多歌词重复、动作简单的手指游戏儿歌也可以使用。

训练项目要在一定时间内重复进行。歌词或动作也可以写在纸上给大家看，以引起孩子们的兴趣。

另外，还应该注意要慢慢地唱，做动作给他看，多重复几次，吸引孩子模仿。有时可以拿着他的手辅助，要教的不是从头到尾全部的动作，应该从最简单的动作开始。

模仿动物步伐

● 通过游戏模仿声音

观察一下正常孩子的语言发育就会知道，孩子是在无意识的状态下学习语言的，并且语言学习一定是和快乐的经验或游戏联系在一起的。例如，推着积木"嘟嘟"地玩，这时候孩子的声音自然就出来了。所以，如果孩子在不声不响地玩，要走到他身边说些话，如"小明，看，积木"，或把积木搭高，"积木倒啦！哗啦！"还可以轻轻地用手拍嘴唇，"啊——哈——哈"，引导孩子做声音模仿。这样的干预是非常必要的。这种练习既可以在自由活动也可以在规定的游戏中进行。

有一首童谣"小马小马，哒哒哒"，其中动物的特征是用象声词来表现的。正常发育的孩子只要听到"哒哒哒"这个词就能形成马的影像，但发育障碍儿童只有这个词还不够，必须表现出四个蹄子走路的样子才能形成一个影像。所以，唱这首童谣时可使用一个马的面具。并配合"哒哒哒"这个很容易让孩子模仿的重复音节。在这个游戏中，孩子认识了一些声音，快乐地模仿了一些音节。可以用同样的方法玩一些学动物叫的游戏或使用交通工具的游戏。

通过具体的经验来学习

4 引入学习要素的训练

● 培养聆听的态度

那些开始对别人的声音有兴趣并且有可能发一点声的孩子，适合包含学习要素的、有意图的训练。这里的训练是以培育听的能力和态度，听懂音节和单词为目标的。下面介绍的是适合这种训练的一些游戏。

● 配乐器游戏

准备手鼓、喇叭、响板、铃铛各两个，面向桌子坐好，桌子中间放一块矮挡板，桌子两边的人互相看不见，老师摇动一个乐器，孩子凭听到的声音摇动同样的乐器。如果刚开始孩子不懂规则，可以先不要放挡板，从区分两种乐器的声音开始，让他明白要和老师摇一样的乐器。

配乐器游戏

● 声音配对游戏

准备一些熟悉、亲近的人的声音的录音带和照片，让他听声音，然后拿出相对应的照片。再让他听男人、女人、男孩子、女孩子的说话声和婴儿的哭声的录音带，让他分辨出是什么人的声音。另外，还可以再准备一些有声音的物体（汽车、电话等声音）或动物的叫声的录音带、图片、照片，让他听录音，然后分辨是谁的声音。

● 分辨词汇游戏

在熟悉的词汇里找出发音类似的单词，根据发音选出相应的卡片。还可以将孩子熟悉的日常用品、玩具等放在桌上，让孩子把老师说到的东西递过来。刚开始选择的这些名词的节奏、长度、音调等差别很大，熟练以后可以选一些发音很相近的词汇。如果玩这个游戏时孩子表现出茫然不解，就要告诉他正确的选择，然后再让他听一遍，看他是否能够理解。如果分辨得出则要表扬他。

● 集体语言游戏——猫和老鼠

用纸箱当作小猫的家和老鼠的家，孩子集中在教室中间。老师说"小猫"，孩子就要跑到小猫的家里；老师说"老鼠"，孩子就要跑到老鼠的家里。要注意让孩子听懂了"小猫"和"老鼠"之后再行动。说"小猫"或"老鼠"时要注意声音的变化,可一会儿大声说,一会儿小声说。这样,四五个人一组就可以玩了。不只是小猫的家,还可以做各种动物的家,指令也可以更加复杂,如"从小猫的家到狮子的家"。

游戏:猫和老鼠

● 集体中的语言分辨游戏——水果篮子

做一些水果的面具,将孩子分成三人一组,给他们带上各自的面具,使他们能清楚地知道自己的小组,一个孩子当小鬼,说小组的名字,被小鬼叫到的小组和小鬼一起要尽快离开自己的座位,坐到别的座位上,没有抢到座位的人当小鬼。这个游戏非常适合在集体中练习语言的分辨。刚开始,孩子可能是模仿小组中其他孩子的行为,但慢慢地会学习听指令行动,并且自然地模仿语言。

5 训练发声器官的游戏

● 发声器官的问题

有些发育障碍儿童总是张着嘴,流着口水,这说明他们的发声器官的运动能力很差。孩子的唇、舌、颌、脸颊等运动发育不良,阻碍了声音模仿,所以,有必要训练孩子的发声器官。

关于发声器官的机能的训练,在第六章发声器官的运动中介绍了作为口语基础的吹、吸、嚼、喝的训练方法。这里要介绍的是和发声紧密联系的呼吸的调整，颌及唇的运动游戏。

发育障碍儿童大多不习惯气息的使用方法，出现气息粗、气息浅、气息强、气息弱等非正常的状况，所以，他们的发音断断续续，不清楚。这样的孩子可以通过以下游戏学习气息的使用方法：

①吹镜子——对着镜子哈气，让镜子起雾，然后对着镜子吹气，教他体会哈气和吹气的不同。还可以对着自己的手哈气、吹气，体会气息温度的不同。

②吹纸人——用图画纸做一个小人，让孩子把它吹倒。学会用力吹纸人后，可以给他各种越来越难吹的东西。

③乒乓球比赛——在桌子的两端各做一个球门，让孩子把乒乓球吹到对方的球门里。

吹气游戏

● 提高两颌运动能力的游戏

①嚼口香糖游戏——这个游戏最好在一对一的游戏时间进行。准备好口香糖让两人闭着嘴嚼，比赛看谁嚼的时间长。除了口香糖，还可以嚼花生、鱿鱼丝。

②舔盘子游戏——在盘子里放上牛奶、果汁、冰激凌等，让孩子用舌头舔干净。

发育障碍儿童有很多嘴唇的运动都不会做，如张大嘴、闭上嘴、撅嘴、鼓腮。有些孩子即使告诉他"嘴巴张大"，他也不知道该怎么做。要想让孩子乐意做这些训练，最好和旋律游戏结合在一起。另外，"做鬼脸"也是个很不错的游戏,可以在镜子前做,这样可以看清老师和自己的口型。

下面以"拍拍手"为例,简单介绍如何配合儿歌做口腔运动。

拍拍小手,啪啪啪	拍手
踏踏小脚,咚咚咚	跺脚
笑一下吧,哇哈哈	张大嘴巴笑
哭一下吧,呜呜呜	装出哭的样子
我生气啦,哼哼哼	鼓起两腮装出生气的样子
真有趣啊	画一个圆

6 重视目前的语言水平

● 评估点

在这个领域内要做的评估是孩子对什么程度的声音表现出兴趣,听的能力是否在发育中,能否分辨声音。还有就是孩子能否在一个场景中自然地、自由地模仿语言,声音模仿到一个什么程度。

● 引入个别训练

孩子的聆听能力和声音分辨能力是今后全部学习的基础,所以,要不间断地设定一些个别训练的场景,使用图片或绘本进行训练。

例如,在图片游戏中,出示表现物、场所、人的图片,问"这是谁",要求回答"这是老奶奶",还可以问他"这是什么","这是哪里"。不过,这种时候不是绝对地要他回答,他想要模仿的意识也值得重视,允许他部分地、反射性地模仿。说不出来的时候,要给他一个正确的语言示范。老师模仿孩子的语言也是很重要的。

❸ 动作表现

1 一种沟通手段

动作表现是正常发育的孩子在学会语言之前频繁使用的一种沟通方

法，最有代表性的动作是"Bye - Bye"。

动作表现和第四章的模仿不同，它是社会性发育的基础。从沟通的立场上来看，它表现的是自己的情绪，而不是像模仿那样只是单纯地复制一种行为或一个动作。动作表现的训练应有以下几个目标。

● 增加与人沟通的机会

对还不会使用语言沟通的孩子可以让他们用动作表现来沟通。例如，如果孩子会用动作来表示"Bye - Bye"、"我要"，则可以以此来发展他的人际关系，即让孩子学习在互相交涉的场面下向对方传达自己的要求，表达自己的情绪。

● 提高语言理解力

充分发展语言理解力不能只是听对方讲话，还要用行为或动作确认听到的语言指示。尤其是对那些精神未分化的幼儿和发育障碍儿童，不断地重复某个表示语言的动作可以促进语言理解力的发展，并且这种行为会作为角色行为发展起来。因此，要提高孩子的语言理解力还必须在日常生活中多做一些角色分配的练习，最好是能够用动作表现的项目。

2 动作表现及训练

● 日常生活中的动作表现

动作表现作为象征机能发育的基础，有助于言语及语言理解力的发育，但它在日常生活中是怎样被孩子运用的呢？有哪些种类的动作表现呢？这些探讨对训练是非常有效的。孩子经常使用的动作表现如下表所列。

表 5-1 动作表现的内容

种类	表现	内容
问候	·点头 ·双手合掌 ·摆手	·早上好、你好、行礼 ·谢谢 ·再见
要求	·指示 ·掌心向上伸手 ·双手合掌	·想要得到某物、疑问 ·想要得到某物 ·想要食物
肯定与否定	·摇头 ·点头 ·指示	·不行 ·可以 ·"这个、那个"等意志表示
传达	·指示 ·压住局部 ·招手	·指出要去的方向 ·小便预告 ·过来
角色	·用手搬运 ·指示	·帮忙 ·反应的一种方式

动作表现以人际关系为轴心，内容上大致有问候、要求、传达、肯定与否定等。训练时要考虑到这些动作表现的内容及场所，教会孩子适当的沟通模式。

● 将语言与动作结合起来

让孩子学会动作表现，扩大沟通能力的训练原则是用单纯的动作与语言调换。例如，说"关门"时，语言要与动作结合在一起。不能只是对孩子说"关门"，关键要给他视觉上的提示，有关门的动作。不断重复这项干预，孩子就能学会听到"关门"——去关门，同时也学会了角色行为。

3 各种动作表现

● 再见、你好

只有扩大孩子的行动范围和经验领域，才能强化他对周围的人和事的兴趣和关心度。就像从幼儿园回来，他会有"再见"的动作表示，这是因为不断重复每天生活中的习惯而产生的与人互动的对应行为。具体的训练

方法如下:
①在和别人见面、告别等生活场景中练习。
②"小明,再见",让他看着你的口型说。
③重点放在"再见"的动作的模仿、重复。
在这种与人交往的场景下,孩子很容易学会"再见"这个动作表现。

各种动作表现

● 请给我,我想要

"请给我"是一个在生活中被频繁使用的动作,是要求表现的一种。这项训练应在进餐时间、吃点心时间或者要求某物时练习。在这样一个具体的场景中对孩子进行训练是很有效的。训练方法如下:
①将"请给我"动作化,"小妹妹,这样做是'请给我'"。
②孩子不会做时要手把手地辅助。
③孩子能够做到,就给他所要的东西。
④教他点头说"谢谢"。
一定要遵循从①到④的顺序进行训练。

● "不、嗯"

正常发育的孩子很早就会用"不、嗯"等表示否定、肯定,这是通过对人际关系中自身和他人的认识的加深而发展起来的能力。发育障碍儿童很有必要学习"不、嗯"这种信号。这项训练应在日常生活中随机应变,寻找练习的时机。例如:"要小便吗?"用动作表现要、不要;从两个物品中选择时,"是这个吗?"用动作表现是或不是。

为了让孩子能够理解这些动作表现,要一个一个地教,当他能够清楚地用动作表现意愿之后,再教给他适当的行为。

● "Yeah!"

"Yeah!"是平常庆祝成功时使用的语言。从我自己的经验来说,有时会对孩子的意想不到的行为不假思索地大叫一声"Yeah!"这个词语也有表达赏识的意思,所以,这项训练最好能在赞扬孩子的场景下使用,但不仅是在这样随时的刺激性的场景中,在做韵律游戏或体操时也很适合。

各种延伸项目

● 上厕所的信号

我们希望孩子能够在感觉到尿意之后告诉老师,然后自己去厕所。但是,如果你在小便时间一到就催促孩子,拉着他的手去厕所,那么孩子永远不会自己去厕所。

老师应该根据孩子的障碍程度,在训练排便的初期,拉着孩子的手,把他带到厕所,告诉他一些小便的适当行为。但是,到了他能够独自去厕所的时候,就应该停止手把手的辅助,开始以下的训练:①指着厕所,"去上厕所吧";②只用语言指示,"去上厕所吧";③自发地发出小便信号(动作表现)。

小便信号大致有表5-2所列的几种,如果孩子能发出这些有效的小便信号,那么稍微一点尿意都可以被捕捉到。这时,可以问他:"要小便吗?"直接将尿意→信号→排尿(去厕所)联系起来。这样就将孩子感到尿意时的一些举止作为排尿预告信号固定下来，完成信号→排尿的学习。

表5-2 排尿预告的信号

顺序	表现
1	拉老师的手
2	哼哼唧唧地在妈妈身边转来转去
3	手按着前面，哼哼唧唧
4	身体猛地哆嗦一下
5	不安静，哭泣
6	使劲拉裤子

完成一项学习的条件是当我们期望的行为发生之后，要夸奖他"做得好"，"真棒"，并且给他握手等赞赏。这样才能产生并保持这个自发的行为。孩子完成这项学习之后，老师要注意等待他发出排尿信号。

和各种物品结合在一起

● 敲门

在具体的日常生活中，有许多可以将语言动作化的场景，如：拧水龙头；拿肥皂洗手；开门；把帽子挂在帽钩上。

在实际场景中，老师可以一边对他说"弟弟，看，开水龙头"，一边教他这个动作。这样的学习越多，初步的意志传达越有可能实现。

另外，提高人际关系中的沟通能力的训练也是非常重要的。例如，孩子敲门的时候，一定要给他一个反应："哎，来了"，"欢迎，欢迎"。要强化这样一个反应，敲门之后可以看见别人的脸，听见别人的声音。敲门→有声音这种单纯的游戏带来的快乐经验可以让孩子更积极地与人交往，这是因为孩子有喜欢单纯的、不断重复的活动的心理特点。所以，一切训练都不应包含太复杂的内容，应尽量简单化、游戏化。比如，以猜拳的方式决定谁可以到房间里去或得到某物，利用语言以外的东西或动作与人交流沟通，这样的学习是非常必要的。

4 以任务分配为主的动作表现

● 从隔壁房间拿球、拿报纸过来

这个项目的训练目标是在动作表现中培育出完成指示的任务分配意识。为了能完成一个任务，孩子必须能够理解指示的内容，在一定时间内记忆指示内容，在必要的时间或场所回忆起指示内容。所以，在这个项目中培养孩子对指示内容的理解、记忆、回忆等能力也是十分必要的。下面介绍的游戏可用于此项目的训练。

①传递小物品：在孩子面前摆三个他熟悉的东西，给他一个指示，"把球给我"，"拿喇叭"。如果可以完成三个，则增加物品的数量。

竞赛化指示游戏

②帮忙：把游戏要用到的东西放在孩子面前，给出指示，"请把球放到箱子里"，"请把积木放到桌子上"，还可以是"请把苹果和橘子放到箱子上"。

③猜谜：准备一个箱子和生活中熟悉的东西，一个一个地将这些东西放进箱子，说出一些线索，如这个东西的用途、性质等，让孩子猜猜是什么。开始时选择一些容易猜的东西，让他记住游戏规则，熟练了以后，可以给出难猜的东西、复杂的线索。例如：

简单的线索：帽子＝戴在头上的东西，鞋子＝穿在脚上的东西，鱼＝

水里游的东西。

复杂的线索：手帕＝放在口袋里的东西，铅笔＝写字要用的东西。

④大搬家：把准备好的铅笔、剪刀、蜡笔等放在桌子上，给出指令"请把铅笔（剪刀、蜡笔）放在椅子（桌子）上"，让他放到正确的地方，然后再继续。这个游戏可以和幼儿园的其他孩子一起玩。

这些游戏的发展是不断增加已能遵从的指示的内容。每天一定至少要重复3~5次。可以的话，应该放在一天的生活流程中练习。当然，每次都应要求孩子做出正确的反应。如果不能做出正确的反应，应重复指示，同时帮助孩子完成。这是非常重要的。

语言（指示）和行为一致

日常生活中的指示内容有："到大门那儿去。""到窗户那儿去。""到教室去。""扔球。""推自己的椅子。""把书拿来。""把积木收好。""请开门。""把帽子挂起来。""请把报纸和香烟拿来。"

5 向有声语言发展

这里有必要做出评估的是孩子能否理解老师的指示并用行动做出反应，能否使用动作表现进行人际沟通。对那些没有语言的孩子来说，作为和人交流沟通的手段之一，动作表现是很重要的。所以在日常生活中，老师要大量使用动作表现，这会使不能用语言沟通的孩子的行为发生变化，提高他们的生活适应能力。

不过，从孩子的能力发展上来说，应该尽量减少动作表现，要学会用语言沟通。这种情形下的训练就不能只有动作表现的互动，而必须从动作表现向声音语言发展。一定要将语言与动作表现结合在一起进行互动。

❹ 提高语言理解能力

1 丰富生活中的语言

孩子对人或物的兴趣会积极地影响语言的发展。当孩子的语言理解能力提高之后，就可能解决一些行为问题，并且生活自理情况也会得到改善。

但是，有很多语言理解低下，不能表现有意义的语言的障碍儿童对语言或语言指令不感兴趣，不能集中注意听，所以，他们会任性地跑来跑去，或不在乎谈话对方的态度，自顾自地说些没人能懂的话。而且，由于没有确立基本的生活习惯，他们连一些附加了简单的指示、行为的要求都做不到。对这样的孩子，为了提高语言理解水平，只是进行大量的语言干预，或是让他做很多事，是解决不了任何问题的。

要想提高语言的理解能力，一定要考虑语言的理解力是怎样形成的，并且对孩子施行合适的保育、训练。因此，要着重促进和人的情绪交流，这也是语言交流的前提。在这个过程中：①为了让孩子对语言刺激做出反应，训练他对声音的注意；②为了让孩子对语言有兴趣，培养他学会聆听；③教会他应对周围的语言干预的方式（动作、指认、单音、单语、句子），而这种方式是符合他的发育阶段的。

这里一定要注意的是要从孩子感兴趣的内容开始，并且时常观察孩子现在能够理解什么程度的语言，现有的应对方式是什么。

2 循序渐进增加词汇量

● 训练内容

为了提高语言理解能力而设定的一些训练项目是：身体、食物、动物、交通工具、动词（坐、站、跳）、方位词（前后、左右、上中下）。在前面的章节中已经阐述了保育、训练时应注意的事项及方法，要从和自己有关的事到周围的事，从具体事件到抽象思维，一步一步地上升。进入下一个阶段时，仍然要一步一个脚印，增加理解词汇的数量，增加对动作、指认、单音、单词、句子等的反应方式，这是非常重要的。

表 5-3 你知道多少

类别	词汇
身体	嘴、头、脚、眼睛、耳朵、手、鼻子、睡觉、打针、手指、脸、牙、肚子、小便、大便、吃药、绷带、指甲、眼泪、膝盖、脑门、舌头、头发、受伤、骨头、午睡、喉咙、下巴、咳嗽、右手、左手、右脚、左脚
食物	面包、饭、巧克力、便当、口香糖、果汁、糖、仙贝、水、鸡蛋、年糕、饼干、香烟、布丁、砂糖、奶粉、冰激淋、面条、饭团、火腿、团子、包子、黄油、点心、茶、肉、酱油、油、果酱、咖啡、红茶、酱汁、汤、可可、烤红薯、啤酒、汉堡包、酒、沙拉
动物	马、狗、兔子、牛、大象、猫、猪、猴子、长颈鹿、虎、熊、斑马、狮子、鳄鱼、乌鸦、老鼠、燕子、青蛙、熊猫、袋鼠、狐狸
交通工具	电车、汽车、自行车、飞机、火车、消防车、救护车、电话、船、码头、车站、摩托车、隧道、拖拉机、地铁、铁轨、车票、月台、桥、邮局

● 仔细观察孩子的游戏

要仔细观察孩子的游戏和生活，从中发现线索来确定孩子从什么样的语言开始学习最好。

小明身体不好，经常感冒，老是流鼻涕。妈妈对此已经习以为常，经常机械地拿卫生纸擦擦就算了。而老师却是指着他的鼻子，一边说"擦鼻子"，一边给他擦。所以，玩游戏的时候，听到问"鼻子"时他能准确地摸到自己的鼻子。而小明之所以知道鼻子，是因为：接受了老师的干预；

在每天的具体场景中不断地重复，形成了固定的干预模式；被指示碰触身体时，能准确地完成指令。这是提高语言理解能力的基础。

接下来，可以以每天生活游戏中学习的语言为线索，学习新的语言。如小明在有卫生纸的场合下，可以学习"把那个拿来"。

换衣服的娃娃

3 身体名称

● 正常发育状态

根据婴幼儿发育检查表，正常发育的孩子在1岁3个月左右听到"眼睛在哪里""耳朵在哪里"这样的问题时，能够将自己的手指放在正确的部位，2岁以后基本上可以全部理解自己身体部位的名称。

孩子的这个能力之所以会迅速地发展，是因为母亲在孩子出生之后，随时随地地和孩子说话，很自然地将语言与动作结合起来，并且不断重复，母子之间的情绪联系也因此越来越深。

● 从具体的活动开始

在学习身体各部位的名称时，不要急着问他"眼睛在哪里"，而是要按以下方式来做：

①具体场景——问候、进餐、上厕所、身体接触游戏。

②问话简单明了。

③抚触身体做出指示。

孩子应首先学习认识自己的身体部位，然后是妈妈或老师的，再是每天接触的、身边亲近的人的身体部位。

● 利用布娃娃、绘本

接下来，要利用布娃娃或绘本来扩展语言理解。这个步骤是：

①对应孩子的身体部位指认娃娃或绘本的身体部位，如"大象的鼻子"，并且用手甩来甩去的动作表示，使他对语言或图画感兴趣，要尽可能多重复。

②向孩子提问："宝宝，眼睛在哪里？"让他做出反应，用手指或说"这里"、"眼睛"。如没有反应，则回到①，重新练习。

③与此同时，可以进行拼人脸图、放模型、画人脸像等游戏。

总之，在各个场景中都要寻找机会让孩子练习指认身体名称。

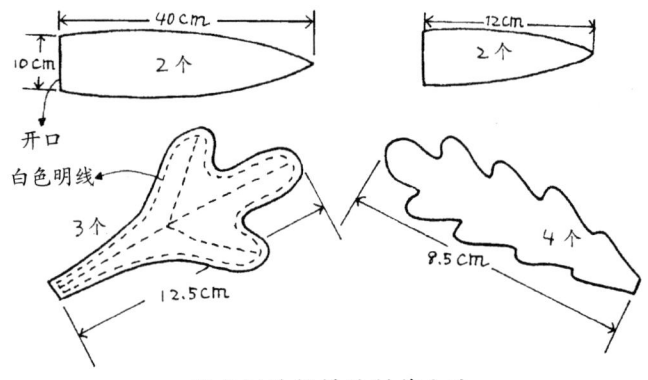

语言训练教材的制作方法

4 食物

● 从孩子的生活或兴趣出发

对那些语言理解力不足的孩子，有必要利用以下的具体物来训练提高：孩子感兴趣的、喜欢的东西；与孩子生活密切相关的东西；在生活中频繁使用的、常见的东西。

能满足所有这些条件的当然就是食物。在进餐或吃点心时，孩子用眼睛看、用手摸、品尝味道，通过这些经验，加深了对食物的认识，形成对食物的影像，并且将这些认识和影像与饭、牛奶等词汇联系在一起。

所以，将食物与语言对应起来，说给孩子听是非常重要的，"宝宝，来，吃饭"，"给，苹果"。不要忘记引导孩子对食物的兴趣和想要吃的欲望，在孩子将食物放入口中后马上说："苹果，好吃吧，甜甜的。"

● 滚雪球式地增加

在进食或过家家、假扮购物等游戏时，当问他"宝宝，哪个是牛奶"，孩子能指出相应的物品时，说明他已经开始理解。这时，老师就要进一步强化这些语言，让他把吃到的食物画下来，边画边提问，"今天吃什么了"，多让他使用已经记住的词汇。接着，要学习的是勺子、盘子、杯子等词汇，应以学过的词汇为线索，向周围有关联的事物发展。从厨房用品到生活用品，渐渐地扩大词汇量。

不过，欲速则不达，一星期学习一个词汇就足够了。重要的是孩子要学会将已经理解的语言在生活或游戏中加以运用，在这个基础上再逐渐增加词汇量。如果能将此种能力扩展到过家家、购物等游戏中，则效果会更加明显。

5 动物

● 很难理解的动物

相对来说，语言发育迟缓的孩子对动物的兴趣或认识较弱，不太会区分狗和猫，或者对某个动物有着异乎寻常的偏执，可以盯着看一整天。这可能是因为这些孩子不能辨别自己和他人、此物和彼物的不同，并且对动物不太

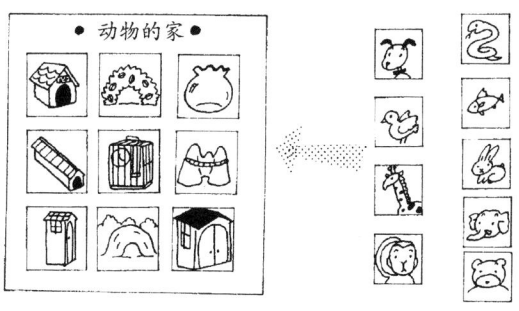

动物公寓

关心。

所以，在学习有关动物的语言时，仅仅看照片或图片，没有什么效果，最好是在实际环境中，听着动物的鸣叫，将视觉和听觉结合起来训练。

● 利用视觉、听觉

视觉方面，可以利用自由活动时间来练习。提示"长颈鹿的脖子好长啊"；或者是用拼图，一边说一边拼，"大象的耳朵真大啊"。要多强调动物的形体、颜色等特征，使孩子的印象深刻。

听觉方面，可以让孩子看绘本，告诉他相关的象声词，如"小狗汪汪叫"，"小猫喵喵叫"，以此来提高他们对动物的兴趣。在音乐课上，可以配合轻快的乐曲模仿兔子的动作，配合缓慢的乐曲模仿熊的动作。如果再带上面具，可以提高孩子们对动物的概念。

在这些活动的基础上，平常散步或户外活动时让他们注意到真实的动物，如"看，有小狗，汪汪"。要多利用幻灯、电视、VTR等视听教材，帮助孩子更好地理解。

总之，要让孩子在视觉上理解动物，用拟声词、拟态词丰富动物概念，并且教会孩子对"小狗在哪里"这样的问题用指认或语言做出反应。更重要的是，不能局限于动物的名称，还要配合空中飞、水里游等功能性特征来学习。

6 交通工具

● 通过创作一个物体来扩大它的概念

孩子常常会把空肥皂盒拴在一起，在地板上拖着当火车开，非常陶醉。这对孩子的发育有着重要的意义，它表示在孩子的内心表象能力正在发育，在头脑中形成了某种状况或行为的概念，并且能将这种概念表达在具体的动作中，这反映了孩子内在的心灵活动。所以，在阶梯训练中，这个领域首先要注意的就是孩子会不会玩这种象征性游戏。

● 制造机会观看实物

对还不会玩假想游戏的孩子，要多制造机会让他们看看公共汽车、电车等交通工具，实际乘坐一下，积累具体经验。园外活动时，可以让他们自己买票、坐车去动物园。这些都是和自己直接有关的行为，所以会留下强烈印象。以后，看到这样的图片，孩子可能就会说"这是电车"。

有了具体经验之后，紧接着要利用玩具汽车来丰富孩子对交通工具的概念。"上车了"，"东京站就要到了，要下车的乘客请注意"，注意表述交通工具的功能。如果将亲身体验和幻灯、照片、绘本、图片以及"嘀嘀"等拟态词联系在一起，孩子会逐渐理解交通工具的种类、用途、功能。

● 假想游戏

对那些能够玩假想游戏的孩子，可以让他们玩交通工具游戏。可以把瓦楞纸箱当作汽车，大家一起来设定线路、车站，做一个生动活泼的游戏。在这个游戏中，可以学会和朋友之间的交往性语言，任务分配和完成任务必要的语言。孩子能将学会的语言在游戏中反映出来是非常重要的一件事，这说明他已经开始考虑到语言的功能了。

用空箱子当汽车玩

7 动词（坐、站、跳）

如果孩子能和大家一起活动、遵从指令或调节自己的行动，就不能只理解食物、交通工具等名词，还必须理解坐、站等动词。

发育迟缓的孩子和人的交流的经验非常少，几乎没有将语言作为交流手段，因此，这个领域中的训练对他们来说是相当困难的。

因此，我们要抓住以和人的交流为轴心的日常生活的各个方面，设定以与人的交往为基础的训练场景。例如：入园、离园时，"脱鞋、穿鞋"；进餐时，"把牛奶拿过去"，"坐下"；上课时，"把××拿过来"，"把××放好"；游戏时，"踢球"。类似这样，利用各种场景对一个单纯的动作发

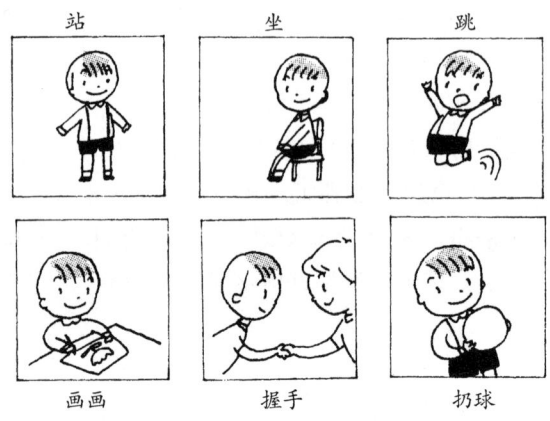

大量使用动作卡片

出一个指令,或让他模仿,这是训练的第一步。

应该注意的是,老师对他说"扔球"时,一定要先做给他看,然后再说一遍,并且和他一起做。语言的干预方式也要注意,要从单语句"站好",渐渐过渡到多语句,"站在椅子上"。

如果孩子在具体场景中的反应变得越来越多,就可以利用绘本或图卡,让他模仿那个场景中的动作,谈谈这时候应该做什么。

8 方位词(前后、左右、上中下)

"前后、左右、上中下"这些表示空间关系的词汇是非常抽象的。为了将各种经验语言化,发育迟缓的孩子学习这些词汇是很有必要的。这可以使孩子学习除了自己的行为之外,还能够将别人的行为、物体的存在或状态语言化。

理解表示空间关系的方位词的训练应注意以下几点:

①在日常生活中,用方位词的关系来表达事物的存在。在保育室中,把孩子的东西或玩具固定放在一个地方,使它们的位置和语言建立起一定的关系。"把剪刀从____里拿过来","把书放在____的上面"。

②和身体运动或韵律运动联系起来。语言和动作相结合,排队的时候,"手放前","排在小明的后面"。

③设定课题来学习。让孩子搭一个和范例一模一样的积木,和老师一起学习设定的课题,"放到箱子里","在上面涂颜色","猴子的旁边是

谁"等等。要手把手地辅助，多做几遍动作示范给他看，让他模仿，然后再慢慢引导他用语言对指示做出反应。

除了方位词，还有表示比较的词汇（大、小、多、少、高、低），这些词汇在将状态语言化的过程中也是经常用到的。要以具体的经验为基础，配合语言的理解进行训练。

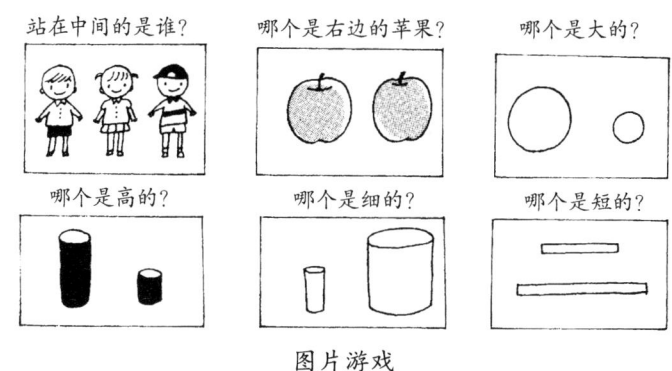

图片游戏

9 确认语言理解力

要提高语言的理解能力，就要时常把握孩子的实际状态，知道他目前能理解什么语言，理解到什么程度。并不是说，吃饭时孩子能将碗和筷子放在一起就表示他能够理解"筷子"这个词汇了。

要看语言理解能力是否提高，可以依据以下这些标准评估：
①没有暗示或帮助也能够遵从语言指示。
②能理解物体的名称、用途、当时的状况等。
③能用语言对指示做出正确的反应。

要注意孩子在训练的各个领域中已经学会的语言在生活中是怎样反映的。要踏踏实实地完成第一步以后再进行第二步,多给他丰富自己经验的机会,而不必急于求成。

❺ 理解故事的脉络

1 思考,然后行动

会用橡皮泥或砂做一座山,把积木排起来当汽车玩的孩子,通常拥有一个影像世界,他们对故事的脉络会很感兴趣,非常期待"后来""接着"这样一些故事的发展。影像越丰富的孩子,这种倾向越强烈。

这说明孩子已经发展到了这样一个阶段,即注意到了语言的顺序,会用语言思考,做出解释。他正在从理解简单的指示、命令等语言信号一步一步地发展到对语言原本的思考的阶段。

语言发育迟缓的孩子,不善于将自己的体验按顺序表达出来,常常是唧唧呱呱,不知所云。"滑梯,呼——。牛奶,家,好吃",仔细听才知道,原来玩了滑梯之后喝了牛奶,又用空包装盒做了一个"家"。

在这个领域中的训练目标是丰富孩子与人的语言交流,培养语言思考能力,以及提高对故事脉络理解的顺序记忆能力,增强时间观念。

2 提升影像

可以将下列几项作为阶梯训练的项目:
①想听简单的故事。
②询问书中的插图。
③喜欢听有重复内容的故事。

那些喜欢故事的孩子大部分时间是一个人或和妈妈一起玩,他们也很容易和同年龄的孩子或兄弟姐妹一起玩,这种变化非常大。他们显示出对自己周围的东西或新鲜事物所特有的兴趣,以及想要探索的愿望。对所有引人注目的东西都会纠缠不休,经常会问"这是什么"之类的问题,问得妈妈无法回答。所以,在处理这些项目时,必须要把握孩子的实际状况,他们的游戏内容是否充实,与人的交往是否顺利。要给孩子更多的经验来丰富影像，保育室的环境也要尽量符合这些要求。

另外，为孩子提供什么样的故事也是很重要的一点，绘本的教材研究是不能欠缺的。要保证故事的内容简单，叙述清楚，重复的语言较多，包含孩子在实际生活中常见的东西。

3 愿意听简单的故事

无论如何，孩子必须要喜欢听故事。所以，要努力使孩子在不知不觉中被吸引到老师的故事中来。

发育迟缓的孩子注意的集中和持续性都还没有发育完全，兴趣点很快就会转移，但是他们通常会喜欢手指娃娃游戏，可以在他们饶有兴趣地注视手指娃娃的时候，让他们听一些相关故事。

另外，一些简短的四个场景的故事也是很有效果的，表演这些故事时要注意引起他们对故事世界的兴趣或关心。

可以利用在进餐结束时、回家之前等每天固定的时间里要听读的一些事情来训练孩子听的欲望。不过，这种时候最好运用一些具体的说明。

如果把各种场合的情况都画成图片来说明，孩子的头脑里会形成强烈的印象。如果孩子执拗地指着问，一定要不厌其烦地解释给他听，如"大象站在水里"。使孩子对故事产生兴趣，让孩子不停地倾听、询问，他自然就会理解故事的脉络或者顺序了。

自己制作教材举例

4 利用书中的图画

多听故事,多看绘本、电视,可以让孩子学会询问不常见的东西或这种东西的构成。这时,请一定要具体地讲给他听,并且在话语里有意识地加入"大小、上下、左右"等词汇,或表示感动的语言"哇,真漂亮",或说明物体的用途、特征的语言,如"喝水用的东西",这是很重要的一点。

5 多重复

在过家家的游戏中能长时间地做同一件事,或很有耐心地画画、折纸的孩子会愿意听有很多重复内容的故事。能长时间保持住一定的影像有助于提高语言理解力。

这时候,要积极地制造读书的机会,故事里要有时间、地点、人物、事件等要素,同时,要注意使用表示时间过程的过去、现在、将来。

另外,还可以根据孩子的活动或想法来编个故事,做一本书,不同场景的语言以及不同的故事顺序可以培养孩子的时间概念。如果把孩子在幼儿园中的活动做成一本书,如《小明的一天》,孩子可以根据自己的经验来体会时间的经过,这是非常有意义的事情。

但如果仅仅在幼儿园中进行这些训练,很难提高孩子对故事脉络的理解,因此,家庭中的配合是必要的。

"在做什么?"
"这个小孩是小研,这个是我。"
"两个人在玩积木。"
"他们在搭什么?"
"搭房子。"
"谁家的房子?"
"小研家。小研家很大。"
"还养了小狗,很可爱。"

对话——每次一幅图,边看边说

6 充实语言游戏的内容

这个领域中的评估要点有:

①变得喜欢听故事。
②一个人专注地看书或电视。
③对各种东西都很有兴趣，总是问"这是什么？"
④有时会问一些图片里的东西，并且能够说出图片所表示的状况。
⑤能按照故事的顺序复述故事。
⑥把自己的经验按对方能听懂的顺序讲出来。

语言的练习不限于绘本或童话，还有木偶剧、讲故事、演节目等各种语言表达的机会，这些都是很重要的。

这个项目的关键是看孩子的想象是否变得丰富，概念是否完整。

相关用语链接

◆ 智力检查

一个人的智力随着年龄的变化不断提高，越来越复杂。智力的发展在各个年龄阶段都有大致的顺序和规律。把同年龄的孩子大概可以完成的问题集中起来，将它和个人进行比较，就可以检查出个人的智力水平。

1905年，比纳（Binet, A.）首先编制了适合精神障碍儿童的测试。现在日本使用的若干种比纳式检查基本上是用同一个公式来测定个人的智力水平，即：

I. Q.（智商）= M. A.（心理年龄）/C. A.（生理年龄）×100

就是说，智商是100的孩子，生理年龄和心理年龄一致，具有平均的智力水平，70%的人在90到110之间，智商在75以下则被视为发育障碍。

◆ WISC

Wechsler Intelligence Scale for Children的简称，智力检查的一种，由韦斯勒（Wechsler）发明。这项检查的最大特征是有语言性量表和操作性量表，可以测定各种不同的智商指数。所以，那些语言表达不好的孩子、有语言障碍的孩子、听觉困难的孩子也可以用它做检查。并且可以从语言和操作量表的结果诊断出孩子的各种各样的智力问题，这对制定训练方案很有帮助。适用范围是5~15岁。

◆ WPPSI

Wechsler Preschool and Primary Scale of Intelligence 的简称。WISC 的幼儿版，适用范围是 4~7 岁。其内容和 WISC 相同，分为语言性量表和操作性量表，也可用于障碍诊断。

◆ 语言测试绘本

用于判断语言障碍的症状和程度的筛查测试。可测试词汇的理解水平、听轻微声音的程度、构音的发展水平、会话能力等。测试时间很短，只有 5~6 分钟，多数被试都可以完成。在这个测试中如果被怀疑有语言障碍的话，就要进一步做专门的诊断检查。

◆ 质问期

作为儿童语言发育的一个过程，孩子在 2 岁前后开始发问"这是什么（what）"，这是记忆物品名称的时期（命名期）。3~5 岁是多发问的时期，"为什么（why）"很多，这叫做"是什么，为什么"期，是对物与物的关系、因果关系的关心，它一般和抽象思考能力的发育一起表现出来。

第6章

促进身体的运动

训练内容：
1. 大运动
2. 协调运动
3. 手指精细运动
4. 发声器官的运动

领域	项目	临床观察项目	
V 运动	（16）大运动	83	1. 散步
		84	2. 滑梯、蹦床
	（17）协调运动	85	3. 荡秋千、跷跷板
		86	4. 平衡木、彩虹桶
		87	5. 三轮车
	（18）精细运动	88	6. 剪刀、穿珠
	（19）发声器官的运动	89	1. 吹、吸、嚼、喝
		90	2. 舌的运动
		91	3. 口唇运动

❶ 大运动

1 运动是发育的基础

大运动是孩子发育的根基。在这个基础上，孩子的身心才能得到均衡发展。所以，对障碍儿童来说，大运动有着非常重要的意义。

● 培养韵律感和协调性

韵律和协调是运动中最重要的要素，运动笨拙、不灵活大都是由于韵律感差和协调不好造成的。

● 奠定动作模仿的基础

大运动是动作模仿向声音模仿扩展的基础。可以让孩子做一些简单的动作模仿，如站、坐、跳、滚等动作。

● 保持身心调和

全身运动可以满足孩子的内在需求，从而保持精神的安定。

2 循序渐进

● 按照发育的顺序进行干预

任何一个孩子在运动方面的发育都是按照一定的顺序进行的，绝不可能一步登天，所以，一定要根据孩子的实际情况进行符合他的发育阶段的干预。如果一味地让孩子学习许多过于困难的项目,是很难指望有好的训练效果的。反过来,如果能对孩子进行符合他的发育水平的训练,则一定能看到变化,并且无论是孩子还是训练者都会很容易体会到这种效果。

● 把身体的运动变成快乐的活动

对那些讨厌运动的孩子来说,首先要把运动变得有乐趣,可以先和训练者玩一对一的身体游戏。

● 从他动到自动

有的孩子想模仿别人的动作,却不知道该怎样自主移动自己的身体。对这样的孩子,训练者首先要辅助孩子运动身体,让孩子体会自己运动手、脚的感觉。婴儿操就包含了这个重要原理。

● 丰富的感觉

为了使孩子有更多的自发运动,非常重要的一点是培育他所有的人类感觉。听觉、触觉、认知、手脚运动的本体感觉,所有这些感觉都要变得更敏锐。配合这些感觉训练是十分必要的。

● 反复进行,持续不断

任何一项训练都必须要经过一定的时间才能有效果。所以,最直接的办法就是将训练融入每天的生活中,可以说这是一条捷径。

通过模仿大运动动作培养身体概念

3 活泼的身体运动游戏

● 培养韵律感、协调性的游戏

①交替播放不同旋律、不同节奏的音乐,根据乐曲旋律的变化改变活动。

②彩带操——这是一种让孩子非常清楚地看到自己手脚运动的方法。在体操棒的前端系上长约一米的彩带,配合音乐做操。

● 培养速度感、敏捷性的游戏

抢椅子游戏就很不错。大家跟着乐曲一起运动,音乐停下的时候要立刻坐在椅子上。

● 培养柔韧性的游戏

垫上游戏是最好的。可做一些前滚翻和后滚翻的游戏。做后滚翻时,将垫子稍微倾斜一下,做成一个小斜坡,这样孩子低下头就很容易做。

规则简单的抢椅子游戏可以培养孩子对旋律或声音的注意力和敏捷性

● 培养肌肉力量的游戏

有一个"猴子的轿子"的游戏就很好。老师拿着竹棒跑,孩子吊在棒子上,脚下放上障碍物,非常有趣。

● 培养持久力的游戏

马拉松是最适合的游戏。可以在院子里或幼儿园周围跑步,同时可以制定一些规则,如要求只要音乐不停就一直跑。

● 培养平衡能力的游戏

过梯子——这是一个锻炼身体各个部位的协调性的游戏。可以和地板平行摆放，也可以竖在墙壁上玩。

蹦床——即使是那些不能很好地活动自己的身体的孩子也能够利用弹力玩起来。可以说这是一个在快乐中锻炼平衡的游戏。

4 向动作及语言模仿的方向发展

如果孩子可以自己快乐地活动身体，随着音乐自然地摆动身体，慢慢地开始感觉到韵律，这就是一大成功。接下来，要认真观察他能否正确地按照指示运动。是没有一点兴趣，还是有兴趣但不会做，或者是勉强可以模仿。这是非常重要的。

运动游戏不仅可以改善人的运动机能，而且可以培养身体影像概念，同时还有助于提高语言的理解力，促进语言的发育。

当孩子的动作模仿越来越多的时候，就可以开始考虑培养声音模仿、口型模仿的能力了。

❷ 协调运动

1 自由移动身体

孩子通过走、跑、跳等大肌肉运动，特别是那些充满活力的运动，获得了调整身体运动的能力；通过扩展躯干及四肢各关节的可动范围，肌肉反复地紧张和放松，锻炼了身体的柔韧性。所以，正常孩子能够非常快乐

地在单杠或攀登架上玩耍。

由于有障碍的孩子的身体柔韧性不好，身体运动欠佳，所以他们常常害怕上滑梯，或抗拒玩攀登架的游戏。这都是身体柔韧性不足引起的协调运动的问题。本小节的训练以提高手脚配合的协调运动能力为目标。

2 重视细微的身体活动

● 重视扩展各关节的可动范围

有障碍的孩子只会极其有限的运动游戏，这是由于他们的肌肉和关节只能在一个特定的范围里活动而造成的柔韧性缺乏。所以，他们首先要学习的是膝关节等在不同角度的弯曲活动。

● 学习四肢的协调动作

在发育障碍儿童中，有些孩子没有爬的经验，而爬对四肢协调动作的形成有重要作用。爬可以促进两上肢、两下肢、整个躯干的大肌肉群、大关节群的发育，所以着重进行这个训练是非常重要的。

● 身体与声音、器械的协调

教孩子学习将自己的身体与韵律、器械协调起来的运动，这是十分必要的。

3 提高各关节可动性的游戏

● 下楼梯

和孩子手牵手上下楼梯，这是对提高膝关节的可动性极有效的方法。

● 攀登架

爬攀登架的时候，膝关节要大幅度地弯曲、伸直，同时，还必须要手脚协调，可以说这是很好的提高协调运动技巧的游戏。对那些不愿意爬高的孩子，可以考虑逐渐提升高度。

培养协调运动

● 垫上翻转运动

垫上翻转运动有前滚翻、后滚翻、侧滚翻等，其中，前滚翻是提高各关节可动性的最好的运动。

4 以四肢协调运动为主的游戏

● 彩虹桶

钻彩虹桶，可以向前钻也可以向后钻，能够提高四肢的协调运动能力。除了彩虹桶，还可以钻梯子、钻呼啦圈、钻瓦楞纸箱等。

● 独轮车

这不仅是四肢的协调运动，也是提高上肢的协调运动能力的活动。在这个游戏中，左右手交替运用，很好地训练了运动协调性。玩的时候，可以配合"一、二、三、四，一、二、三、四"这样的口令。

● 变大了、变小了

老师说"变大了"，孩子要把身体伸直，老师说"变小了"，孩子要尽量下蹲。为了让孩子对"变大了、变小了"这个指令有反应，要多用心考虑怎样发指令才适合，如："变大了，手举过头。"

5 协调身体的游戏

● 跷跷板、秋千

玩跷跷板时要注意教孩子学会跷跷板升高时膝盖伸直，下降时膝盖弯曲。可以站在跷跷板的旁边，告诉孩子"腿伸直"，"腿弯曲"。荡秋千也是一样，一边荡秋千，一边随着"一、二"的节奏弯曲、伸直膝盖。也可以在旁边的秋千上给他做示范。

● 广播体操

广播体操是一项手脚配合的协调运动，要求配合"一、二、三、四"的节奏活动身体。发育障碍儿童一般都不擅长做广播体操，所以，有必要每天手把手不断地重复训练。

6 身体运动的速度和平衡

从大运动到精细运动，许多活动都包含了协调性运动，在扩展躯干、四肢各关节可动范围的同时也提高了四肢的协调运动能力。因此，这个领域内的评估当然是看各个关节能否向多个角度弯曲，四肢能否协调运动。在此基础上，可以考虑开始一些和身体运动的速度、平衡等发育有关的游戏。

例如，身体运动速度的练习，可以是从仰卧变成侧卧、俯卧，或是从这几个姿势状态中敏捷地站起来。身体运动速度的练习也可以配合走、跑、翻滚等游戏进行。平衡能力的发育则可以利用平衡木、蹦床等游戏，

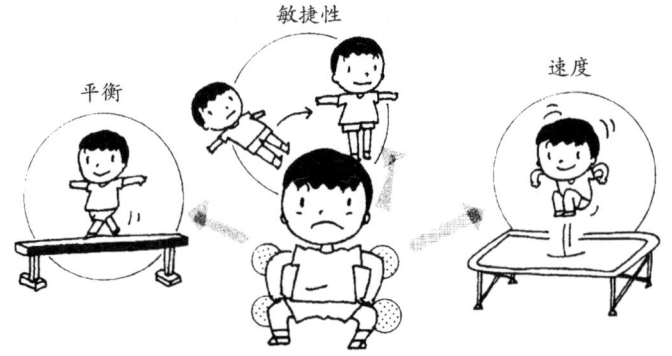

弯曲膝盖和手臂的延伸项目

通过这些游戏训练身体运动和控制的能力。

❸ 手指精细运动

1 促进生活技能的发育

一般来说，发育迟缓的孩子大都有运动能力的问题，大运动和精细运动都很笨拙。然而，日常生活中必要的各种活动是绝对要求手或手指的灵巧性的。因此，那些发育迟缓的孩子很自然地在日常生活的自立上要晚一些。

所谓精细运动技能，是指抓握、手指操作、双手协调、手眼协调、手部肌肉力量、灵巧度等。精细活动的目标可以设定为学会日常生活技能。但是，在学习生活技能时仍要注意学习内容不能太难，不能脱离孩子的兴趣。要尽量提供符合孩子要求的学习项目，同时有必要制订 ADL（Activities of Daily Living 的简称，即日常生活活动。——译者注）训练计划。

2 细心安排游戏

精细运动不是在幼儿期集中发育起来的，而是在每天不断的重复中慢慢学习的。尤其是那些发育迟缓的孩子，为了将来在社会自立，即使已经进入青春期，仍然可以通过操作练习得到磨练。

● 重视孩子的兴趣

很多日常生活的动作很难引起孩子的兴趣，所以，我们常常可以看到大人拼命让孩子做，可是孩子却一点意愿都没有，只剩下大人们干着急。

手和手指技能的训练不仅通过那些包含很强训练要素的项目进行，还可以充分利用孩子感兴趣的游戏，想办法一点点向日常生活中的动作过渡，这其实是更重要的方面。

● 对孩子的出色表现要给予称赞

训练时要注意不能太分散，而是要将项目控制在相对集中的范围里。否则，孩子很难有"我能行"的那种成就感，而被强迫进行的训练可能不会有什么好的结果。

有效的训练应该是评定现阶段的目标，设计一些孩子有兴趣的项目，在孩子能够完成时以他能理解的方式夸奖他。

● 在游戏中获得生活技能

通过不断重复练习那些可以提高手和手指功能的游戏，会有很多好的结果。训练者的任务是要考虑怎样用这些练习的结果来提高孩子学习日常生活中的技能。例如，当孩子学会了在棒上套圆环后，可以在鞋的后面钉上一个圆环给他拉，使穿脱鞋子更为方便。像这样，在生活中寻找那些游戏和日常生活技能有关联的场景，并将二者结合起来进行训练，就一定能够学会各种各样的精细活动的技能。

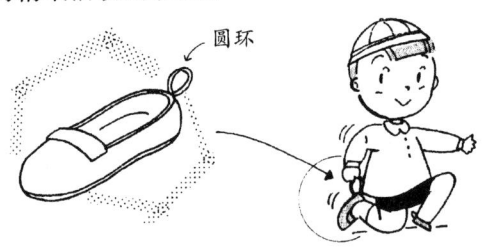

在鞋子的后面做一个圆环就容易穿上

3 提高手指功能的游戏

● 将物体放入、取出

寻找一些铃铛、玻璃球等漂亮的、会发出声音的东西做教具，让孩子把它们放入一个容器，然后取出来。铃铛等放进去时发出来的声音使"放进去了"这一感觉更加清晰。容器的开口要大一些，让孩子的手可以自由地进出。通过这个游戏,孩子可以学习自由地握和放,并提高手眼的协调能力。

● 摞杯子

准备七八个大小、颜色各不相同的杯子,按大小顺序重叠。开始时,可以先只摞一组。如果孩子不能很好地完成,可以做一个模型给他看,再加以手的辅助或语言上的辅助,和他一起来做。如果这些游戏孩子都能很好地完成,那么他肯定不会十分抵触重叠放东西。

● 玉珠盘

这个游戏就是把彩色珠子放在有洞的盘子里。圆形的触感、颜色、大小都恰好能扩展孩子的兴趣,孩子也非常喜欢。当他们能自由地将珠子放入洞穴中后,就应该训练他们按要求摆放珠子。

● 穿绳

这个游戏是将形状、颜色不同的有洞的小玻璃球用绳子穿起来。因为颜色和形状不同,可以培养孩子的区分能力。另外,不仅可以学习用惯用的那只手,还可以学习左右手的不同的动作。

和老师一起拿着剪刀学习右手的运动

● 剪刀

这需要左右手的不同动作,是非常难学的一个项目,但是一旦学会就会觉得有乐趣。

开始,老师可以和孩子一起握住剪刀的手柄来做手的动作,手柄较大的剪刀比较容易。学会了手的动作后,老师可以逐渐取消辅助。

● 拧螺丝

拧螺丝能够促进手部小肌肉群和双手的协调，是非常好的训练项目。

在五金店里可以买到各种螺丝、螺帽。准备好大小、粗细各不相同的螺丝，告诉孩子"把螺丝、螺帽拧起来"，边说边做给他看，然后给他一副新的，"你也试试看"。如果做不到，可以手把手地教他；如果完成得很好，可以让他拧大小不同的各种各样的螺丝。还可以限定时间，或和其他的小朋友比赛。

这个项目不一定要设定一个专门的时间，自由活动时间或空余时间就可以进行。此项目最好在穿绳之前进行。

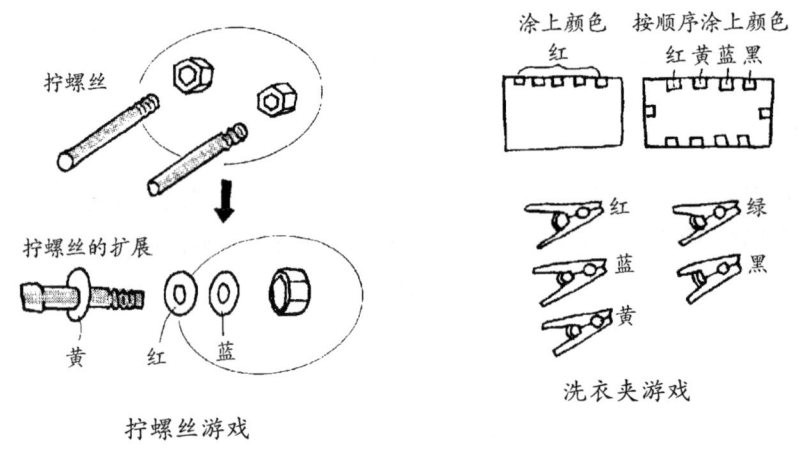

拧螺丝游戏

洗衣夹游戏

● 洗衣夹游戏

障碍儿童的握力大都较弱，这个项目可以训练孩子的握力及手眼协调能力。如图所示，这个游戏只要准备方形硬纸板和洗衣夹即可，最好是多种颜色的洗衣夹，这样可以使训练内容更丰富。先在纸板上涂上色块，让孩子按红、黄、蓝、黑的顺序把洗衣夹夹在纸板上。训练时，老师和孩子拿一样的东西，"小明，夹红色的"，和孩子一起反复练习。这个项目最好在学用剪刀之前进行。

4 和培养技能的游戏结合起来

如"促进生活技能的发育"中所说，这种学习不能仅仅停留在训练上。作为老师，最重要的是要能将训练的结果在日常生活中发挥出来。

如学会了将物品放入容器，再取出来，就应该会整理筷笼里的勺子；学会了穿绳，就应该会系大纽扣。像这样，孩子接受的精细运动训练在日常生活中能够用到，才是有意义的。

另外，在选择用来提高精细运动的教具时，要特别注意形状、颜色和大小，这样，可以在提高手、手指的技巧的同时，自然地加入一些区分的练习活动。

❹ 发声器官的运动

1 帮助进食、说话的口腔器官

我们每天都依靠吃饭来维持生命，事实上，进食所涉及的活动也是引发语言的基础。

我们每天要吃东西，而在把食物放进口中到吞咽下去的过程中，需要各种各样复杂的口腔运动，嘴唇张开、合拢，舌头上下、左右、前后回旋。为了不让食物从口中掉下，要运动脸颊的肌肉，用牙齿把食物细细地嚼烂，等等。一个"吃"的动作，实际上是不同部位完成各自不同功能的活动。

有的发育迟缓的孩子总是张着嘴，流着口水，舌头向前伸出。这些孩子的口腔由于嘴唇、舌、颌、颊等的运动尚未成熟，不能很好地被当作发声器官来使用。所以，为了促进孩子的发声，有必要先着手提高他们的口腔器官的功能。

2 从孩子的生活和兴趣着手

● 仔细观察口腔器官的功能

具体包括:是否能闭上嘴唇;是否不流口水;舌头是否不向前突出;舌头是否灵活;是否能用后牙很好地嚼;是否会嚼着吃东西;嚼的时候嘴唇是否能闭上;是否能咽下大块食物;是否能用吸管喝东西。要用心注意细节,仔细观察孩子的行为。

● 利用日常生活场景

口腔器官的功能首先是能很好地吃、含漱食物,因此,训练时间不一定要特别安排,在洗手、刷牙、散步或者进餐的时候做训练就足够了。平时利用点滴的时间多做练习,并针对个别情况进行专门训练。

● 和家庭的合作

这个问题不能只在幼儿园里进行,尤其是进食方面,相对于幼儿园,家庭更容易针对孩子的问题安排相应的食谱。如果能和家长详细地沟通孩子在幼儿园中的情况,使同样的训练在家庭中也能进行,可能就会提高训练效果。

吹泡泡游戏

● 快乐、有趣的训练

如果进餐时过分注意口腔器官,可能会使孩子对吃饭产生抵触情绪。有时也应该利用自由活动时间,通过游戏提高孩子的口腔器官的功能,如漱口、吹泡泡、吹口琴、纸气球等符合孩子兴趣的吹气游戏。

● 做记录

　　训练不能每天做完就算完了，还要让孩子清楚地知道今天得到的结果，从而产生对下一次练习的期待。最好的方法是制作一个孩子能够理解的训练记录。

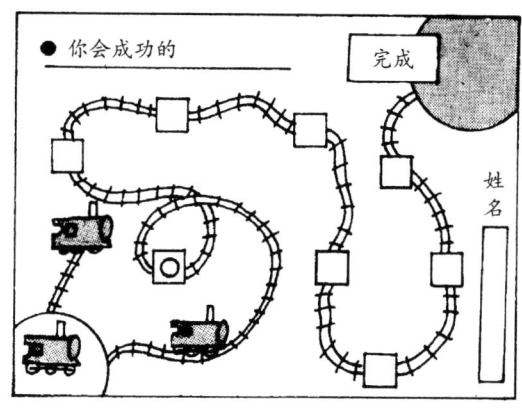

记录表：能够完成的地方做"○"记号

3 吹气游戏

　　吹气游戏有吹泡泡、笛子、口琴、喇叭、纸气球等。

● 吹弹子

　　定下一个起点，比赛看谁一口气吹得远，经过的路径最长的一方获胜。

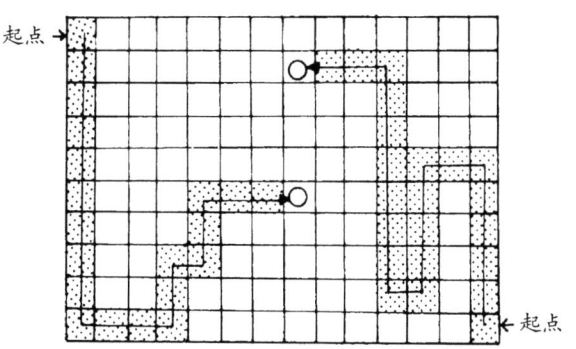

● 吹蜡烛

准备好若干支蜡烛，依次插好。点燃一支蜡烛，将火焰吹向下一支蜡烛，逐个点燃。这必须要调节气息，持续吹气才行。

4 吸、嚼、喝

● 用吸管喝果汁

用吸管喝果汁可以促进嘴唇肌肉的发育，锻炼用舌头并提高口腔内的负压。含着吸管时一定要注意是用嘴唇控制吸管，不会用吸管的孩子常常用牙咬。吸管越粗需要的吸力越大。

● 嚼

利用像肉或苹果这样有些硬、不嚼根本咽不下去的食物来训练咀嚼是最好的。对不会嚼的孩子，要想办法引起咀嚼反射，如把食物放在他们的后牙上，自然就会开始有嚼的动作了。

用硬苹果锻炼啃嚼

5 舌头、嘴唇的运动

这项运动的游戏有取薄饼、转转食、舔棒棒糖、舔果汁粉、刷牙等。

● 转转食

在薄饼的中央挖一个洞，从边缘开始，不用手而用舌头、嘴唇来吃。

● 舔果汁粉

把果汁粉抹在盘子上，用舌头舔干净，可以促进舌、颌及嘴唇的运动。也可以把果汁粉放在舌头上，用上腭压住，使其融化。

● 取薄饼

把切成小片的薄饼贴在嘴唇周围，用舌头将这些薄饼卷进嘴里吃掉。最好在嘴唇的上、下、左、右都贴上。

6 寻求专家的帮助

如果每天的训练记录表示孩子确实在进步当然最好，但是，如果记录表示训练进行得并不顺利，一定要向专家寻求援助，请教正确的方法。

坚持不懈地进行吹气、吸气、咀嚼、吞咽以及舌、嘴唇、颌等的训练，能为孩子的发音打下扎实的基础，生活质量可以得到切实的提高。

不能含漱的孩子也会在清楚发音的同时学会含漱。另外，那些不喜欢刷牙的孩子也会改变态度，变得喜欢自己刷牙。这可能是通过各种活动，口腔四周的触觉已经被很好地调整的缘故。

口腔训练可以使孩子更好地刷牙和含漱

相关用语链接

◆ 词组

指由两个词汇构成的有语句功能的一种幼儿期文体。孩子在一岁的前半年的语言是单语体,即只有一个词汇。不过,到了一岁的后半年,会使用的名词的数量大幅增加,并且开始理解形容词和动词,能够将有关联的词汇联系起来明确地表达意义,如"狗狗,来","爸爸,嘀嘀"等。

◆ 再生

是指对过去经历的回忆,如记得昨天的晚餐。再生和再认都是一种记忆再现功能,但再生比再认困难。再认是看见之后确认的知觉性功能,而再生是语言浮现的反应性功能。发育障碍儿童有必要通过语言训练提高再生的能力。

◆ 再认

是指再次经历以前发生过的事情时,能认识到这是以前发生过的事。再认,可以是相当肯定的认识,"这个人,上星期在家里见过";也可以只是一种熟悉感,"这个人,好像在哪里见过"。对发育障碍儿童而言,对各种各样的人和物、场面的视觉上的经验是相当重要的。这种时候要尽可能用语言辅助来提升影像,如"这是小明的爸爸"。

◆ 象征性游戏

以象征为中心的假扮类游戏,在 2 岁左右开始出现,4~5 岁是最盛期。最初,幼儿只是把积木看作汽车,是单纯的游戏。随着幼儿的成长,渐渐向复杂化、结构化发展,成为接近现实的模仿或社会化游戏,如假扮游戏、模仿游戏。

◆ 精细运动

一般是指涉及到手指的功能性操作的运动,和小运动几乎同义。这种运动是在大运动充分发育之后具有的功能。例如,从整体的抓握开始发育起来的用大拇指与食指捏物的技能。大运动主要是指颈部竖起、坐、爬、站、步行、跑、跳等运动技能。

第7章

基本生活习惯

训练内容:

1. 进食的自理
2. 大小便的自理
3. 穿衣的自理
4. 小帮手

领域	项 目	临床观察项目	
Ⅵ 生活习惯	(20) 进食	92	1. 不吃非食物类物品
		93	2. 独自进食
	(21) 衣服	94	3. 自己脱衣
		95	4. 自己穿衣
	(22) 大小便	96	5. 自己小便
		97	6. 自己大便
	(23) 生活	98	7. 自己去商店
		99	8. 自己保管零用钱
		100	9. 去邻居家送东西

❶ 进食的自理

1 训练进食的目标

进食训练的最大目标是独立进食，但以下这些也应被当作目标。

①集体行为——任何一个孩子只要能明确自己的目的，都会很容易跟随一个集体行为。

②指令行为——每天的生活流程固定下来后，在日复一日的重复过程中，能促进孩子遵从指令行为。

③提高手指的灵巧性——这个功能在吃饭的时候常常得到最大限度的发挥。因此，可以在这个时候用最自然的形态自发地练习。

④提高口腔器官的功能——吃饭时，要做喝、吸、嚼等动作，这些就是最好的发声训练。

⑤培养人际关系——可以在愉快的气氛中，和值日生建立交往关系，模仿小朋友的活动。

2 重视孩子的自主性

在学习进食的自理过程中，每个孩子的情况是不一样的。有的非常缓慢，有的非常快。所以，我们没有必要急躁，在评定了孩子的进食能力的阶段和目标之后，要非常耐心地坚持下去。能够很好地吃饭，就可以维持生命、健康，奠定发育的基础。

在进行进食训练时，应注意以下问题。

● 从一对一开始

孩子之间的问题千差万别，因此，训练一定要有针对性。即使在一个集体的环境中，仍然要注意这一点。

● 按照一定的顺序进行

从开始洗手到最后收拾，每天都要有一定的顺序。这可以让孩子学会思考下一步要做的事，提高对语言的理解。

● 重视自发性的培养

即使对任何事情都没有欲望的孩子也会表现出对吃东西的兴趣。比如，他很想用手抓来吃，这对将来的进食自理来说，是非常重要的一件事。训练不应只集中在技能的传授上，还要注意自发性的培养，为以后的训练打下基础。

● 尽量少的规则

在发育障碍儿童中，有的异常偏食，还有的会在吃饭的时候呆站着或把手伸到小朋友的盘子里，类似不可预知的行为还有很多。这种情况下，要尽量少做限制，保持一个愉快的氛围，把吃饭变成一件快乐的事，那些问题行为才有可能渐渐得到改善。

3 进食的各种问题

这里列举一些主要的进食问题。

● 进餐时离开座位

孩子的问题行为一定是有原因的。孩子离开座位也许是因为周围太吵闹了，或想引起大家注意。为了不影响别的孩子，成人可能常常会叱责他们，让他们下次注意。不过，我们首先应该做的是寻找行为背后的原因。如果他是为了引起老师的注意，可以把他安排坐在老师的视线范围内，使他容易遵守指令，一旦他做到了，就大力赞扬。

固定进食习惯

● 撒饭

发育障碍的孩子中，有一些根本不看着食物用勺子，饭撒得到处都是，很难吃进嘴里。这说明他们的手眼协调不够好，应该手把手地进行辅助。这种训练最好从喝汤开始。

● 进食时间太长

这样的孩子虽然有可能是吃饭时注意力不集中，但更主要的问题是口腔器官的功能较弱，即他们不能很好地嚼、喝，所以，吃东西要花很长时间。因此，为这些孩子准备食物时可以做得小一点，容易吃一些。

吃饭花太多时间可能是口腔功能的原因

另外，动作缓慢也是一个原因。总之，要了解孩子的各种状态，不仅把它当作是进食问题，而是要把重点放在提高全身的运动能力上。

4 沟通手段之一

对于以进食为中心的生活自理，父母、老师常常考虑的是一种熟练技能上的自理，真的是这样吗？

实际上，比起技能来，孩子的愿望、要求不是更重要吗？能不能和朋友们一起度过这段时间，是否想要自己吃，自己是否能独立做餐前准备，是否具备在集体中的自我约束力,是否具有意愿和自信,比起吃的技巧或偏食的问题来说,不是更重要吗?

这样,可以提高集体适应力,将游戏变得更有趣,让孩子全面发展。综合沟通能力也有可能通过进食训练得到发展。

❷ 大小便的自理

1 提高生活技能

训练大小便自理的过程中有以下几个大目标。

● 明白尿意、便意的感觉

为了让孩子能够排泄自理,最重要的是让他对生理上的尿意、便意有一种意识,并且抓住恰当的时机,培养他在排泄时的快感和不快感。

● 排泄技能

排泄时需要各种技能的运用。身体的移动能力,整理时的手指功能,蹲在便器上的运动能力,模仿朋友的动作的能力等,都是十分必要的。

● 确立指示行为和自我控制能力

要能去厕所排泄,重要的是要能遵从指令,会使用便器。如果能够很好地做到这些,孩子就能学会理解规则。

2 考虑孩子的实际状况

● 考虑个体差异

通常，孩子要到四五岁才会自主排泄，而障碍儿童由于发育得较为缓慢，这个时期也会相应迟一些。要认真观察孩子排泄时的状态，针对每个孩子的不同能力来分析、训练，无视个体差异进行的训练是没有效果的。

● 重复进行

将排泄变成一个习惯行为也是很重要的，要不断重复多做，直到养成习惯。一旦成功，就要立刻赞扬他，强化他的这个行为。为了让孩子定时排泄，要对不同的孩子设定不同的时间。

● 不要错过孩子的信号

孩子会用各种方法来表示尿意，如不安地转来转去、哭、按着前面。要仔细观察孩子行为的变化，及时带他去厕所。

● 在固定的顺序下，孩子更容易理解指令

排泄的顺序一定要固定下来，这样孩子更容易理解得到的指令。如果不明白，则要把他带到厕所，拉着裤子的前面，手放在嘴唇上，发出"嘘"的信号。

如厕训练要点

● 要让孩子有安全感

由于排泄的训练要限制他们的行为,又是在一个狭小的空间里进行,所以孩子有时会有不安的感觉,会拒绝去厕所,或很讨厌排泄。如果不会,还要被迫长时间蹲在厕所里,受到训斥,这样排泄的习惯就更难养成了。对孩子来说,鼓励是非常重要的。

3 训练要点

● 不知道尿裤子的孩子

有些孩子就是尿了裤子也没有什么感觉。这是因为长期穿尿布的孩子,尿湿了就再换一块,他们没有那种不快感。对这样的孩子,要给他们穿裤子,让他们尽快体会快感和不快感,给他们看脏了的裤子,确认排泄失败的事实。

● 讨厌去厕所排泄的孩子

首先要找出他们讨厌的原因,也许是讨厌厕所的气氛,或者不想被限制行为而感到生气,总之,一定是有原因的。在厕所里画些可爱的图画,或是贴一些贴纸,这也是一种方法。当然也可以先让他们坐便盆。

● 接受指导却没有进步的孩子

先要了解孩子的排泄模式。早上入园时,向妈妈询问在家的排泄状态,以此来确定在幼儿园的排泄训练。

了解排泄的模式之后,要针对这种模式进行个别干预。如果孩子排尿的间隔是30~40分钟,那么要通过不断的重复练习,慢慢地延长时间,培养这种排尿的意识。

但无论怎样,这些孩子的问题绝不只是排泄的问题,还有运动功能的问题,如蹲/站/用力等需要的肌肉力量,穿脱裤子时需要的手指运动能力等。因此,要尽量让他们多活动,这也是训练排泄自理的一个重要方面。

4 向集体行为发展

排泄自理是孩子获得自信，学会和朋友一起行动的开始。以此为开端，孩子生活中的欲望就会被全面引发出来。

有学者指出，基本生活习惯的自理可以使孩子能够参与社会性的生活。就算是先把尿布拿掉，也能扩大孩子的活动量和活动范围。可以明确的一点是，通过排泄自理，孩子可以得到精神上的发育，并且会对整个生活有好的影响。

带来这个正面影响的背景是父母在精神上的安定。对每天小心翼翼地把孩子送到幼儿园的父母来说，没什么比孩子能够排泄自理更让人感到如释重负了。父母由此而产生的精神上的安定有助于加深亲子关系。

排泄自理可以培养愿望和集体行为

❸ 穿衣的自理

1 观察各种能力

发育障碍儿童在日常生活中的大问题之一就是穿衣。如裤子没有拉到腰上；衬衫的后面露了出来；衣服扣子没系，敞着胸；裤子不分前后，反着穿等等。这些问题其实是孩子的手指运动

功能不足造成的，出现裤子穿不好，不会系扣子的情况，或是辨别能力差，不能区分前后。

要帮助孩子记住穿脱衣服的顺序，培养区分裤子从脚穿，衣服从头套的能力，发展他们的手指功能及手眼协调能力。这些能力的培养都应该尽可能利用生活场景来进行。

2 必须循序渐进

● 菜单化指导

阶梯训练的基础是菜单化指导。孩子穿裤子时，老师从后面辅助，给他留一个自己穿的姿势，还要指出固定拉住裤子的位置，并要求他按照一定的顺序进行。要仔细观察孩子习惯先穿哪只脚，不要错过训练时机。

要越来越少地参与辅助，使孩子能自然地学会穿裤子，体会成就感。

● 从易到难

穿不好衣服的孩子，让他穿有很小扣子的衣服简直是不可能的。不会系扣子的孩子可以先学穿不带扣子的 T 恤，到能系扣子的时候可以先练习系罩衫上的大扣子。

● 在日常生活场景中练习

市场上有很多让孩子练习穿脱衣服的训练用具，利用这些可以提高手指的功能。不过，对孩子来说，重要的是愉快的、想要自己穿衣服的心情。早上入园之后，换上罩衫就可以去院子里玩，穿上围兜就可以吃饭，这种生活中的自然活动是最好的学习机会。

● 重复练习

孩子在一天中穿脱衣服的机会并不是很多，因此，要尽量制造机会让他不停地重复练习这些动作。在入园、吃饭、散步、上厕所等情境中，要给他尽量多的机会练习。

3 从困难处入手

● 分不清裤子前后的孩子

首先要做的是在孩子的东西上贴上他喜欢的动物贴片,培养一种对贴片的拥有意识,最好在幼儿园的桌子、鞋柜上也贴一些,以便更好地建立这种意识。接下来,把这种动物贴片贴在他裤子的前面,只要把贴片朝上就能很容易穿好裤子了,也能很好地分清前后里外。

● 两脚伸进一个裤管也不在乎的孩子

有一些孩子两脚伸进一个裤管也不觉得不对。这可能是他们对自己的身体还没有形成身体影像。而钻隧道、做体操这些游戏可以帮助孩子建立自身的身体影像。另外,孩子在穿裤子时,可以先让他穿习惯的那只脚,待形成一定的顺序之后会比较容易继续练习。

面对这样的孩子要教他先穿最灵活的那只脚

● 不会系子母扣和纽扣的孩子

对孩子来说,比较容易的是先学系大扣子。要尽量多地制造机会让他练习,不仅是衣服,书包、午餐袋、拖鞋袋等都可以使用纽扣。

孩子会系扣子之后就要学系子母扣。手指在系子母扣时比系纽扣更用力,因此,要注意在游戏当中锻炼手指的力度,如玩剪刀或橡皮泥。

固定穿衣服的次序

● 不会穿鞋的孩子

这是常见的现象。可能有些孩子嫌太麻烦而懒得去穿鞋，但大部分孩子是因为手指功能较弱而不会穿鞋。虽然锻炼手指功能是必要的，不过，还要多在孩子周围的生活环境上下工夫，为孩子提供尽量多的哪怕是微不足道的帮助。比如，老踩鞋跟的孩子，可以在鞋的后面钉上带圈，这样便于他提鞋跟。

4 同时进行手眼协调的学习

进餐自理即使不做特别的训练，随着年龄的增长也会有所提高，这是因为孩子有强烈的进食欲望。但是，孩子对穿脱衣物的愿望就没有那么强烈了。因此，要在每天的生活和游戏中，有意识地制造使用手指的机会，这样可以促进孩子多方面自理能力的发展。

另外，手指功能提高后，手眼协调能力也会随之改善，为以后的学习打下基础。能够自己穿衣之后，握笔就会很轻松，画画、写字也会变得容易。至于剪刀，在手指功能和手眼协调能力提高之后，稍微练习一下就会了。

❹ 小帮手

1 语言理解力和判断力

学做家务可以对应孩子不同的能力，也有不同的干预目标。

● 将语言与具体物或动作联系起来

语言的发育是先从理解开始的，然后才是说话。帮忙是提高孩子语言理解力的一个重要方法。因为帮忙,孩子也会得到老师或者妈妈的赞扬,这不单纯是取来一张卡片,还让孩子有了成就感,更容易激发他帮忙的愿望。

● 培养探索力和判断力

孩子能够帮忙的领域越多,他的生活空间就越广,也越容易学会去寻找视线之外的物品。

● 学习沟通手段

当孩子最终学会去附近的商店买东西时,除了帮忙,和人沟通的机会也必然会多起来。

2 在帮忙的过程中得到锻炼

● 赞扬

如果孩子很乐意做小帮手,周围的语言刺激也会变得丰富起来,而语言刺激越多,语言理解力就会越高。为了让孩子感受到帮忙的快乐,首先要赞扬他,不仅要夸奖他帮了忙,还要表现出你的喜悦,让他能够理解这点。

帮忙可以从身边的事情开始一点点地扩展

● 让他做和场景、状况相称的事

孩子在生活中感受到了每天的活动规律，因此，自然就可以理解将要发生的活动或状况。对语言理解不足的孩子，要让他帮着做和当时的场景或状况有联系的事。

● 从简单指令到复杂指令

从指着眼前的东西让他拿来这样一个简单的指令开始，渐渐地发展到只根据一个语言指令就能把远处的东西拿来，这种指令的阶段性变化是非常必要的。如果孩子能够找出视野范围以外的东西，就意味着他的语言理解力已经很好了。

● 以人为媒介的帮忙

为朋友或老师传递物品，从接受帮助到帮助别人，这种经验对孩子是非常有利的。有些孩子在平常的生活中没有被认同的存在感，可以试着用这种方法让他帮忙，让他有更多自己是班级一员的认同机会。

3 帮忙的项目组合

● 对所指物品没有反应的孩子

有的孩子不要说自己指着东西提出要求，就是对被指的东西都不能理解。这时，一定要限定所指示的物品，只对在眼前的东西提出要求。这样，孩子就能够理解指示，即使是对稍远一点的东西的指示也能明白。

● 记忆力不好的孩子

有些孩子虽然可以帮一些忙，但对不在眼前的东西就不行了。比如，"到隔壁的房间把帽子拿来"，他们只会在自己的身边转来转去地找，发现没有的时候也已经把指令忘了。这时，要利用固定的物品和固定的场景，经常发出指令，只有这样训练才会比较顺利。

比如，出门散步的时候，一定是要带同样的包和帽子。如果这个孩子能判断要去散步，那么他很可能可以完成"到隔壁房间把包和帽子拿来"

这样一个指令。只有将一种状况和物品联系起来，孩子才可能对不在眼前的东西有所反应。

● 不会根据语言指令帮忙做事的孩子

对这样的孩子，菜单式指导就显得很重要，尤其是给他一个新任务时。帮忙的数量也不必太多，最好先理解语言与物品的关系，之后再逐渐增加对语言指令的理解。

4 帮忙与语言的发育

在对孩子进行评估时很重要的一点就是看他能否顺利执行语言指令。如果孩子可以不依赖用手指的指令，只根据语言指令对视线以外的东西就能做出反应，那么他说话的基础应该是十分牢固的。如果他能很好地完成一些帮忙的事，自然也就会"说话"了。

有这样的说法："理解200个单词，就可以说一个短语。"孩子帮忙的数量要在多少个为好呢？如果孩子还没有掌握"200个单词"，虽然有必要教他更多的语言，但更明智的做法是增加让他帮忙的机会。

为了促进孩子说话，还要重视发声器官的训练。

培养帮助他人的能力对语言发育十分必要

译后记

2016年冬，我在东京收到刘娟的一通语音，说我翻译的《发育障碍儿童诊断与训练指导》已经售罄，想和日方出版社续签版权合同，请我帮忙联络。此时，距离2008年此书的第一版发行，翩然过去了八年！再写后记，感慨万千！

八年，弹指一挥间。这八年，我亲身经历了祖国在特殊教育领域里的飞速发展。是的，我很高兴没有选择成为一个旁观者。2009年，我参与创办了南京欧皮儿童发展营（2015年更名为南京欧皮孤独症社会工作中心），作为一个"圈里人"，先后承担了"0-6岁残疾儿童抢救性康复项目"，参与了民政部公益创投项目并成功中标，并且有幸服务于中国精协孤独症家长江苏工作站。最重要的是，在这八年里，以此书为缘，我结识了许许多多志同道合的家长朋友，大家一路走来，自助助人，共同成长，不是亲人胜似亲人，这恐怕是这本书带给我的最真切的幸福！

这八年，此书的作者时时被读者提起，问候。柚木馥先生已与2007年去世，白崎研司先生也历经病痛，鲜能出门。白崎研司先生在1995年到2004年的十年时间里，每年都自费访问中国，为中国的孤独症孩子和他们的家庭做出了自己的贡献。当时，中国的孤独症诊断刚刚起步，康复训练治疗几乎空白，白崎先生最早对北京星星雨教育研究所进行访问，在那里他见到了与自身障碍抗争的母子，执着向上的教师，也感受到他们为寻找孩子的光明前途而付出的辛苦和努力。这些都深深打动了他。从那时起，他作为北京星星雨的名誉所长、青岛以琳的名誉会长、上海星雨儿童康健院名誉院长，活跃在对中国发育障碍儿童和家长的疗育指导以及对教师培训的第一线。他还在南京医科大学附属脑科医院的儿童精神卫生研究中心进行讲课和研习，并受聘为华东师范大学心理系的客座教授。观望眼下各路"大师"横行、讲座漫天要价的现状，回想白崎先生十年在中国各地义务讲课的义工生涯，不禁令人心生敬意！

东京的 JR 新宿站是亚洲最大的铁路车站，熙熙攘攘又秩序井然。我和日方 COLERE 出版社的上野真美社长坐在车站边的咖啡馆里，聊着中国，聊着日本。望着窗外冬日暖阳下的新宿，上野社长突然叹了一口气，感慨地说老一代的先生们开始一个一个过世，没有了他们，这世界恐怕会很寂寞。现在学者多大师少，鲜有教授会像他们那一代人那样认真努力地在康复一线实践，严谨专注地在研究室科研。那一批先生们的学识、情怀，真是非常珍贵啊！

衷心感谢病中的白崎研司先生，用自己的热忱和决心给了我们这份珍贵的精神食粮。

感谢 COLERE 出版社上野社长，愿意与华夏出版社一起分享这些珍贵的经验和指导。

感谢我的先生，没有他的支持和帮助，我可能不会翻译这本书，也不会成为一个有能力影响别人生命历程的人。

感谢身边的工作伙伴、家长朋友以及未曾谋面的读者，是你们让这本书有了生命力。

承蒙他们的大力支持，这本书才得以再版。

真心希望这本书能带给所有养育特殊孩子的家庭深深的祝福！

王宁

2017 年 2 月于日本东京

联系电话：025 - 86200625，网址：www.opkodomo.com